さくらんぼ教室メソッド

発達が気になる子の「できる」をふやす 算数

さくらんぼ教室は、いろいろな個性をもつ子どもたちが一人ひとりに合わせて学ぶ学習の場として1990年に活動を開始、現在は首都圏14教室に幼児から社会人まで3200人の生徒が通う、にぎやかな学習塾です。一人ひとりに合わせた学習を積み重ねていくことによって、どの子も必ず成長できることを、これまでに出会った多くの子どもたちが教えてくれました。34年間ずっと変わらないのは、子どもの発達段階に合わせたカリキュラムと教材、サポートがたくさんある楽しい学習の積み重ね。子どもたちは「自分にはできることがある」「ほかの人とちがうやり方でもいい」「苦手なこともいつか変わる可能性がある」ことに気づいていきます。
がんばって学習した経験は、子どもの将来を支える力になります。本書では、目の前の子どもの「できる」をふやす方法がたくさんあることをお伝えしたいと思います。

さくらんぼ教室代表　伊庭葉子

Gakken

CONTENTS

はじめに …… 6

第1章 「できる」をふやすために …… 9
算数の「できる」をふやす …… 10

第2章 チェックシートの使い方 …… 17
何がどこまでできていますか …… 18
チェックシート1 「数字の読み・書き」「数の概念」 …… 19
チェックシート2 「計算」「文章題」 …… 20
チェックシート3 「小数・分数の基本」「単位の基本」 …… 21
チェックシート4 「図形の基本」「生活（お金・時計・情報）」 …… 22

第3章 「できる」をふやす学び方 …… 23
学び① 数を理解する …… 24
学び② 「多い」「少ない」を比べる …… 28
学び③ 3桁までの数の読み書き …… 32

学び④ 大きい数……36
学び⑤ 左右・上下から何番目……40
学び⑥ 「いくつといくつ?」……44
学び⑦ 正しく計算する……48
学び⑧ くり上がりのあるたし算……52
学び⑨ くり下がりのあるひき算……56
学び⑩ 九九を覚える・理解する……60
学び⑪ かけ算の筆算……64
学び⑫ わり算の理解……68
学び⑬ わり算の筆算……72
学び⑭ 文章題(たし算・ひき算)……76
学び⑮ 文章題(かけ算・わり算)……80
学び⑯ 小数の読み書きと理解……84
学び⑰ 小数の大小と計算(たし算・ひき算)……88
学び⑱ 分数の理解と読み書き……92
学び⑲ 分数の大小と計算(たし算・ひき算)……96
学び⑳ 図形を区別する……100
学び㉑ 図形をかく……104

CONTENTS

学び㉒ コンパスで円をかく……108
学び㉓ 長さの理解……112
学び㉔ 「かさ」や「重さ」の理解……116
学び㉕ いろいろな単位の換算……120
学び㉖ お金の計算（基礎：いくらかな）……124
学び㉗ お金の計算（応用：買い物）……128
学び㉘ 時刻を読み取る……132
学び㉙ 時間の流れを理解する……136
学び㉚ 表やグラフの読み取り……140

第4章 使ってみたい教材・教具……145

かず……146
とけい・おかね……147
たし算・ひき算……148
かけ算・わり算……149
図形……150
定規・コンパス……151
さわって学べる図鑑……152

小数・分数・図形・単位……153
学研の幼児ワーク アプリ版……154

第5章 さくらんぼ教室で学んで成長した子どもたち……155

カブ・クワ研究への情熱が止まらない！／クワタ博士……156
生き物たちの命を描く／はるくん……158
見つけた！ 私に合う勉強のやり方／ゆずちゃん……160
美しくて、おいしい料理を届けたい／グッチさん……162
だれかの思いを支える人に／プリおくん……164

巻末資料

チェックシート1 「数字の読み・書き」「数の概念」……168
チェックシート2 「計算」「文章題」……170
チェックシート3 「小数・分数の基本」「単位の基本」……172
チェックシート4 「図形の基本」「生活（お金・時計・情報）」……174

●コラム さくらんぼ教室で活用している「指導グッズ」……144

はじめに

発達の道筋も、学び方も、一人ひとりちがいます。子どもたちが「できる!」「楽しい!」を感じることができるようにサポートしながら、学習の土台づくりをしましょう。

子どもには子どもの理由がある

「500円を二人で分けると……」という文章題で「分けられるわけがないよ。500円玉はかたくて割れないから!」と言う子がいます。なぜそう考えるのか、子どもには子どもの理由があるのです。「そんなわけないでしょ」ではなく、「なるほど、そう思ったんだね!」と理解することから始めましょう。ユニークな視点も、その子の大切な持ち味です。

「できない」「わからない」は、子どものSOS

宿題をしている子どもが、「できない」「わからない」となかなか進められないのは、「やりたくないから」ではなく、その宿題の課題が「合っていないから」だと考えてみませんか。

「ちゃんとやりなさい」と無理にやらせることは、子どもにとってはサイズの合わない洋服を着せられるようなもの。「できない!」「わからない!」は、子どものSOSです。迷わずすぐに手助けをしてあげましょう。

「発達が気になる」ということ

「多様性」という言葉とともに、いろいろな個性をもつ子どもたちへの理解が広がっています。私たちの教室には、発達障がい（神経発達症）の診断をもつ子もいれば、「自分のペースで勉強したいから」という理由で通う子どもたちもたくさんいます。「ゆっくり発達する子」もいれば、「得意なことと苦手なことの差が大きい子」もいて、いずれも多数派の子どもたちに比べると、「学びや発達の道筋のちがい」があるのです。「ちがい」があることは、決してはずかしいことではなく、すてきなことです。今は脳の多様性（ニューロダイバーシティー）が尊重される時代。その子らしさを大切に、その子に合う方法で学ぶことによって、必ず成長します。

「発達が気になる」子どもたちの状況はさまざまですが、本書は、学習の場面で「多数派の子どもたちのカリキュラムでは学びにくい子」と広くとらえます。学校の「多数派の子どもたちに合わせたカリキュラム」に合わない子は、たくさんいます。「できない」のではなく、「合わない」のです。合わない学習を無理に続けて、子どもたちが「自分は勉強ができないダメな子だ」と思ってしまうほど、もったいないことはありません。「この子には、この子の学び方がある」ことに早く気づいて、早期にサポートしてあげましょう。

学習の土台をつくる

勉強をする目的は、何でしょうか。私たちは「その子らしく幸せに生きるため」だと考えます。まず大事なのは、子どもの心の健康と安定です。さらに、学齢期に身につけた基礎学力が土台となり、その先の「自分で考える力」「問題解決する力」につながっていきます。国語も算数も、小学校3・4年生くらいまでの内容は、その先の学びにつながる土台といえます。学校の勉強を追いかけるだけでは、力はつきません。日々の心の安定をはかったうえで、ゆっくりでいいので子どものペースで楽しく学び、しっかりとした「土台」をつくってあげましょう。

本書は、さくらんぼ教室の実践をもとに、「算数」の土台となる基礎学習（30の学び）をご紹介します。

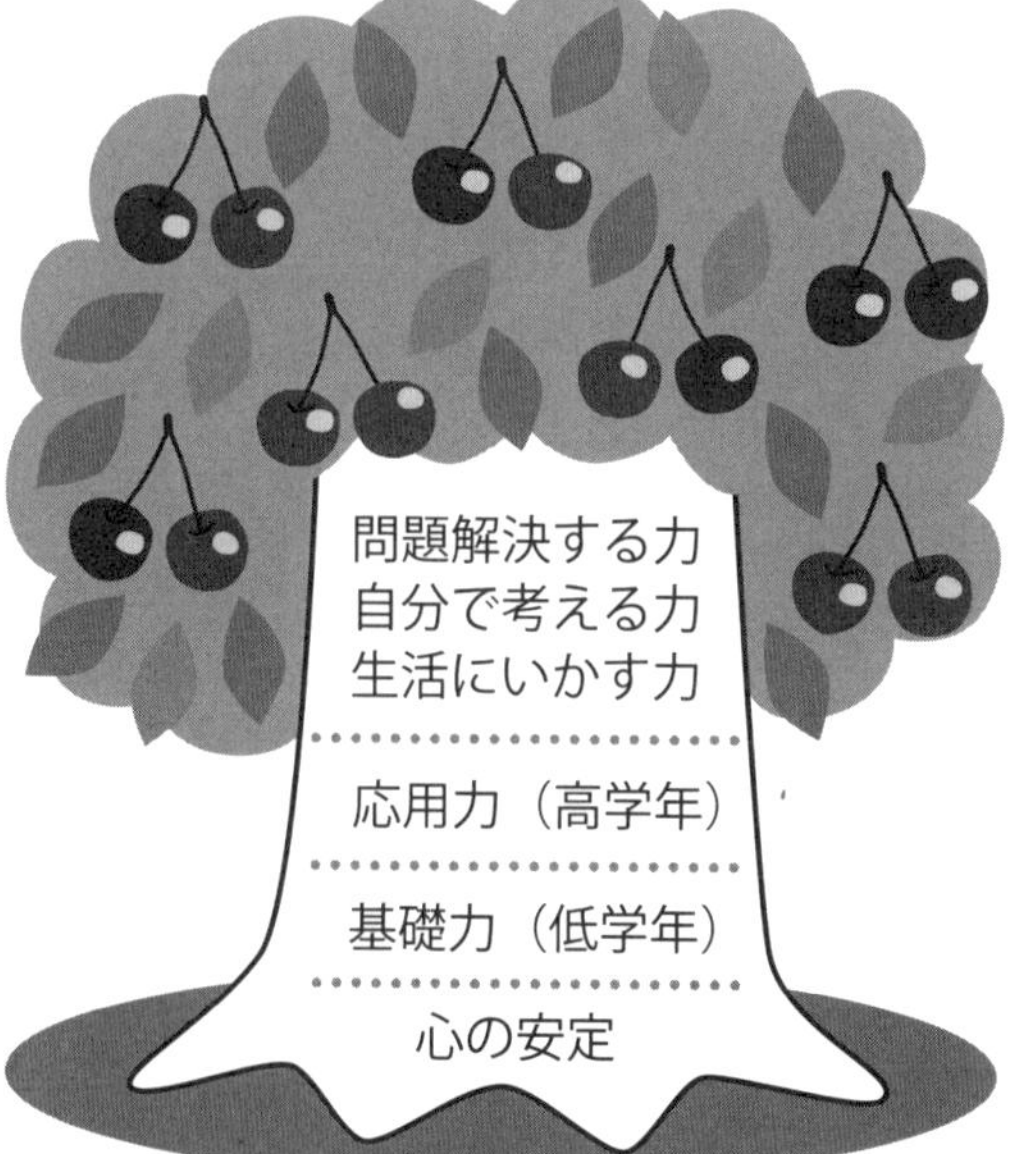

第1章

「できる」をふやすために

子どもたちの「できる」をふやすコツをご紹介します。

算数の「できる」をふやす

算数は、計算の力をつけ、たし算・ひき算・かけ算・わり算の考え方を、買い物などふだんの生活にいかしていく教科です。お金の計算、時刻など、私たちの日常生活と結びついている教科だといえます。教科書の学年相当の計算だけにとらわれず、子どもたちの「数を理解する力」「考える力」「生活に結びつける力」に注目し、「できる」をふやしていきましょう。

サポートの大切さ

歩き始めた子どもが一人で歩けるまで、お父さん、お母さんはたくさんのサポートをします。一人で歩けるようになっても、危険な場所では手をつないだり、転んだときにはすぐに助けてあげたりしたことでしょう。しかし、それが「学習」となると「子ども一人でやらせなくてはいけない」と考えがちで、「助ける」より「教えなくては」とあせってしまうことはないでしょうか。子どもが「できない」「わからない」を発信したら、手をつないでいっしょに歩くようにサポートしてあげてよいのです。数字の読み・書きが苦手な子には「数字の読み・書き」をサポートし、計算することが苦手な子には「計算」をサポートします。「教える」より「手助けする」気持ちで、親子で楽しく取り組みましょう。

一人ひとりの「できる」をふやす、さくらんぼメソッド

さくらんぼ教室の指導のコツは次の6つです。子どもたちに合う（わかる）学びとサポートによって、楽しく学習が進められます。ご家庭でも、お子さんに合わせて取り入れてみてください。

① 知る　何がどこまでできているかを知る（↓チェックシート 168〜175ページ）

「数字の読み・書き」「数の概念」「計算」「文章題」「小数・分数の基本」「単位の基本」「図形の基本」「生活（お金・時計・情報）」が、それぞれ、どこまでどのような方法でできているかをチェックし、どこにサポートが必要なのかを考えます。

② 戻る・選ぶ　今の段階が合っていないと思われる子に

学年にこだわらず、その子が「できる」「わかる」ところまで戻り、「数字の読み・書き」「数の概念」「計算」「文章題」など、それぞれの段階に合う教材を選びます。

③ 調整する　「学びやすさ」のためのカスタマイズ

文字の大きさや問題数などを、その子に合わせて調整し、子どもが「やってみよう」と思えるようにカスタマイズします。（↓調整の例 13ページ）

④ サポートする　楽しく効果的な学習のために

調整した課題を、いっしょに取り組んだり、時にはやって見せてあげたりしながら、その子の理解や計算を手助けする方法を考えます。「できたね！」「その調子」など、声をかけたりほめたりすることも忘れずに。（→サポートの例　14～15ページ）

⑤ くり返す→ステップアップ　定着のために

習得には時間がかかることを前提に、子どもが飽きてしまわないよういろいろな方法でくり返し学習します。ただ反復するのではなく、パターンを変えたり、時には戻ったり、日常生活と関連づけたりしながら、理解が深められるように、スモールステップですすめていきます。

⑥ 振り返る　「またやろう！」につなげるために

学習の最後に、大事な箇所を抜き出す、ノートに復習やミニテストをするほか、がんばったことを振り返り、子ども自身が「できた！」「またやってみよう」と感じられるようにします。学習の内容や量が、「本人に合っているか」「がんばらせすぎていないか」なども見直す機会をつくります。

どのように調整・サポートするのか？

③調整する ④サポートする の例をご紹介します。子どもにとって「やりやすい」「わかりやすい」か、本人の気持ちも聞きながら工夫していきましょう。

調整の例

・筆記用具↓子どもが使いやすい鉛筆・ノート・定規など。
・内容↓「できる」段階（学年）まで思いきって戻る。
・時間↓集中できる時間にしぼる。
・場所↓落ち着いて取り組める場所の選定・調整。
・文字の大きさ↓読みやすい大きさ。
・解答枠の大きさ↓書きやすい大きさ。
・読む・書く量↓負担なく読み書きできる量。
・問題数・練習回数↓「できそう」と思える数。
・テンポ・リズム↓子どものペースを考慮。

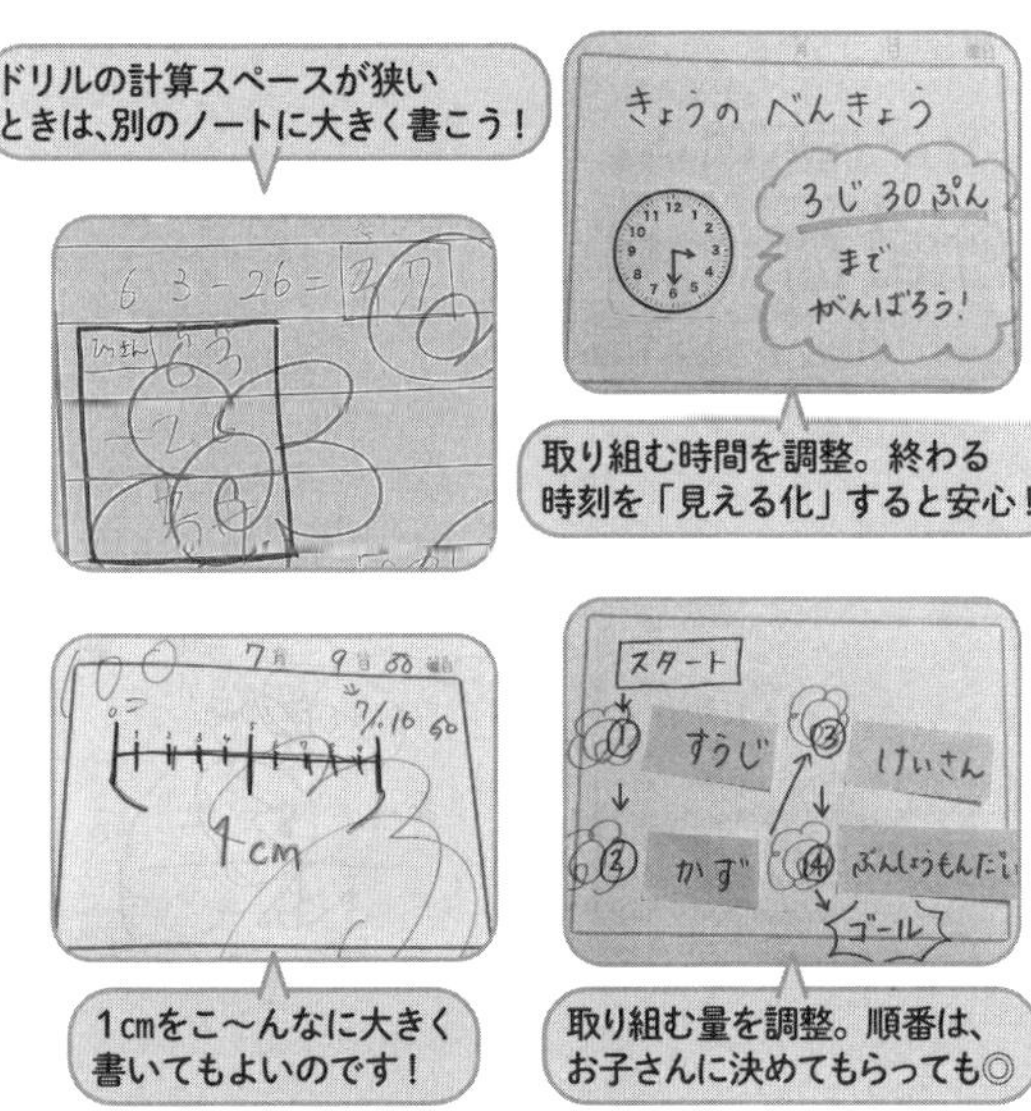

サポートの例

「理解」をサポート

- 見える化↓大事なところ、プロセス、意味などが「見える」ように示す。
- イラスト化・図式化↓意味や数量関係をイラストや図にして示す。
- 言語化↓わかりやすい言葉にして伝える。自分で問題をつくる。
- 音声化↓読んであげる。いっしょに読む。
- 生活化↓子どもの身近な例に置きかえる。お金や時計、チラシなどの実物を使う。
- シンプル化↓問題を削ったり分解したりしてシンプルにする。

「計算」をサポート

- 具体物を使う。マルをかく。シールを使う。

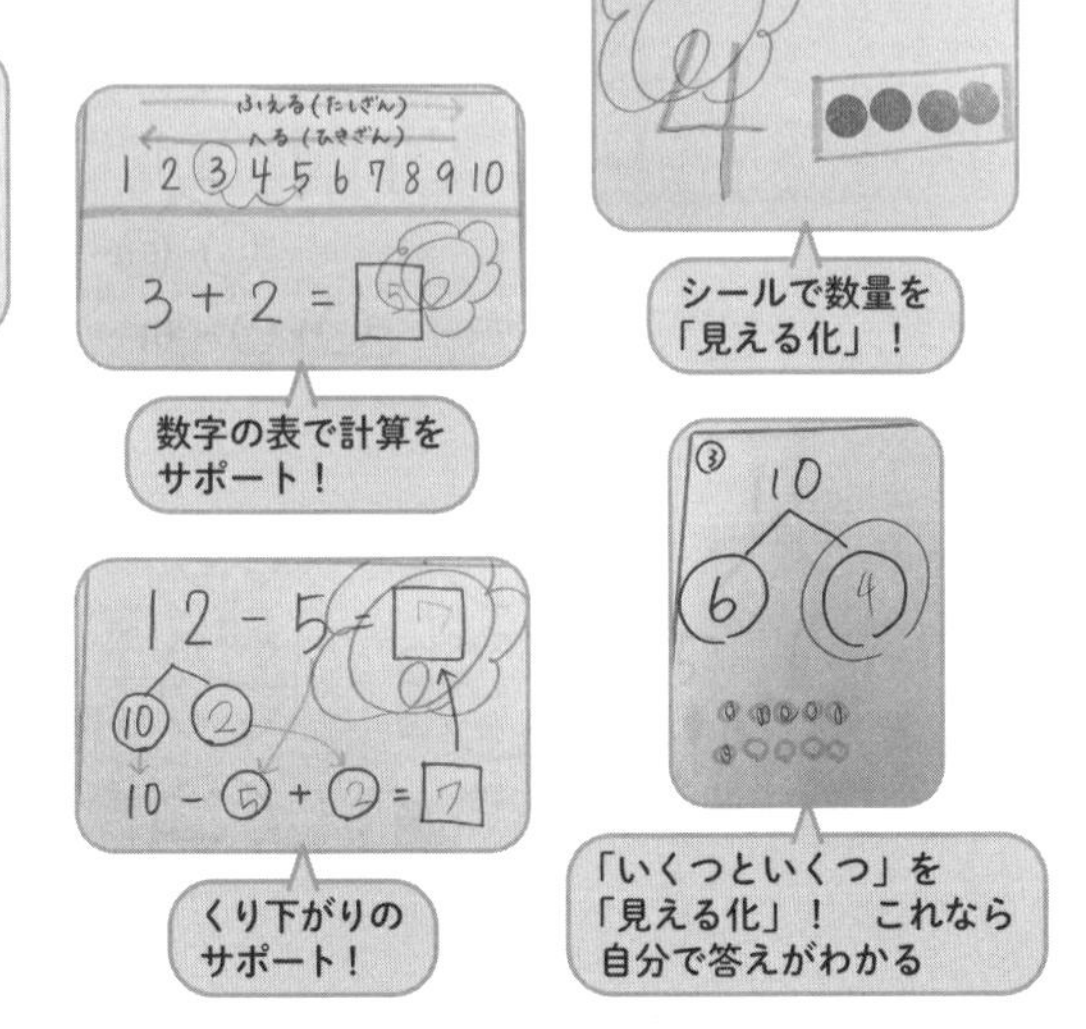

・九九などをいっしょに唱える。九九の表を使う。
・計算機を使う。

「読む」「書く」をサポート

・文章題にルビ（読みがな）をふる。
・数字や図形のなぞり書き、見写し書き。
・使いやすく、見やすい定規やコンパスを使う。
・書く以外の方法（口頭や選択肢から答えるなど）で答える。

その他

・予告する（内容・時間や問題数の見通し）。
・ヒントや選択肢を示す。
・パターンを変えながら反復練習する。
・丸や百点をつける。　・ほめる（具体的に）。

くり上がった数を書く場所を明確に

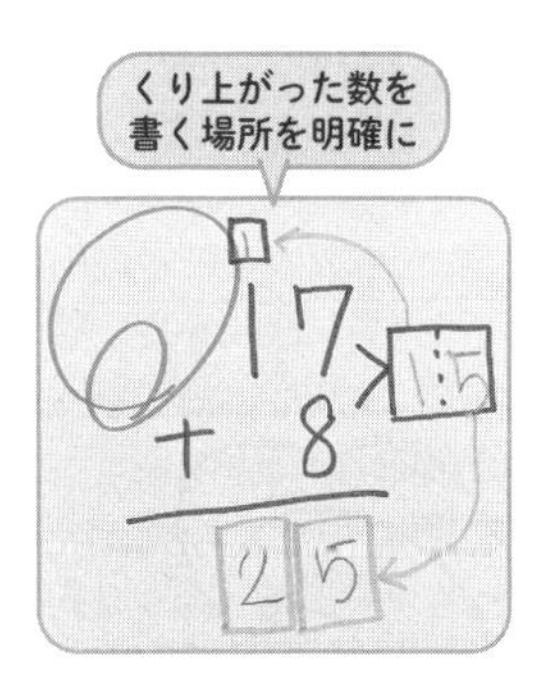

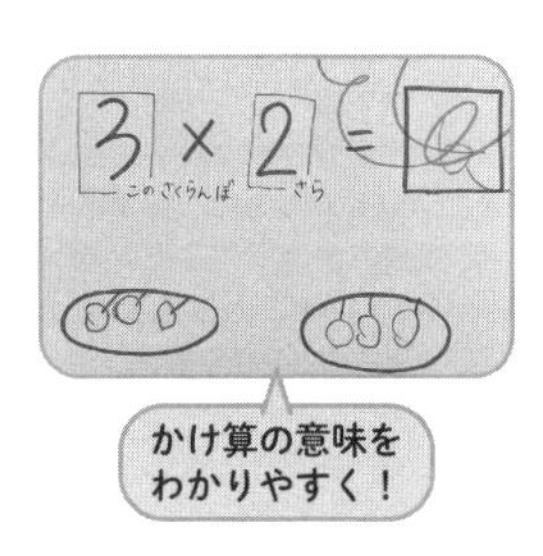

かけ算の意味をわかりやすく！

表に当てはめると、大きな数も理解しやすい

ヒントがあると安心して答えられる

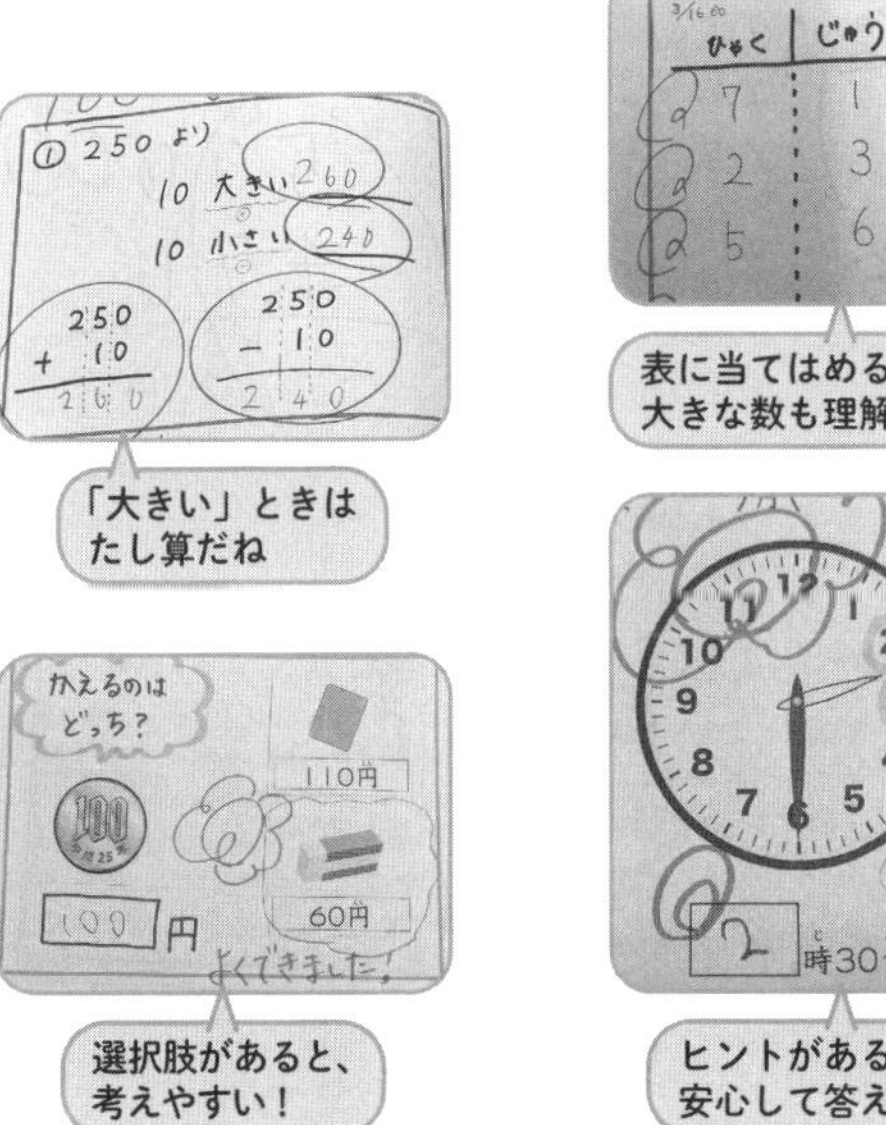

「大きい」ときはたし算だね

選択肢があると、考えやすい！

心を育てる

「発達が気になる」子どもたちは、整理整頓をすること、友だちと遊ぶことなど、学習以外にも「どうもうまくいかない」と感じることが多くなりがちです。大人が「できて当たり前」と思うことでも、子どもは毎日がんばっていることに気づいてあげましょう。発達がゆっくりでも、学び方がちがっていても、ほかの子と比べる必要はありません。「あなたはあなたらしくてよい」というメッセージをいろいろな形で伝え、子どもが「自分は自分でいい」と思えることが、新しいことにチャレンジする力になります。ご家族がいちばんの味方になって、子どもたちの心を支え、育ててあげましょう。

進路選択も大切

子どもたちが毎日かよって長い時間を過ごす学校は、その子の好きなこと、興味のあることに注目して選択しましょう。合っていない「わからない」ことばかりの学校生活では、子どもの「できる」がふえないどころか、心の健康にも影響しかねません。学校教育の中でも多様な支援や合理的配慮が進んでいます。通常学級、特別支援学級、特別支援学校、それぞれのよさがあります。「子どもが楽しく通い成長できる」「対等な友人関係がつくれる」学校を、本人とよく話し合って選びましょう。成長の節目に、専門機関で発達の段階や得意・苦手のバランスに合わせたアドバイスを受けることもおすすめです。

チェックシートの使い方

得意なことと苦手なことを知るためのチェックをして、
サポートの手がかりとしましょう。

わたしのいいところを
見つけて

何がどこまでできていますか

本書巻末にあるチェックシートを使って、「数字の読み・書き」「数の概念」「計算」「文章題」「小数・分数」「単位」「図形」「生活（お金・時計・情報）」が、それぞれどこまで、どんな方法でできているか、「できているところ」「苦手なところ」をチェックしてみましょう。

学習の様子から気になるところも具体的に書き出し、どこにサポートがあれば楽しく学習できるのか、子どもに合う学習方法や手助けの方法を工夫するための手がかりとして活用してください。

チェックシート1「数字の読み・書き」「数の概念」

チェックシート2「計算」「文章題」

チェックシート3「小数・分数の基本」「単位の基本」

チェックシート4「図形の基本」「生活（お金・時計・情報）」

チェックシート1「数字の読み・書き」「数の概念」（→168ページ）

①子どもの「数字の読み・書き」「数の概念」の力について日常生活や学習の様子から、「気になるところ」をチェックします。ほかにも「気になるところ」があればメモしましょう。

②子どもの「数字の読み・書き」「数の概念」の学習に取り組む様子を観察し、できているところは、（できる）に色をつけましょう。

③「数字の読み・書き」と「数の概念」の領域を比べます。「読み・書き」が苦手な場合は「読み・書き」のためのサポートが、「数の概念」が苦手な場合は「数の概念」のためのサポートが必要です。

④（できる）に色がつかない項目は、「学び」のページを見て、サポートの参考にしましょう。

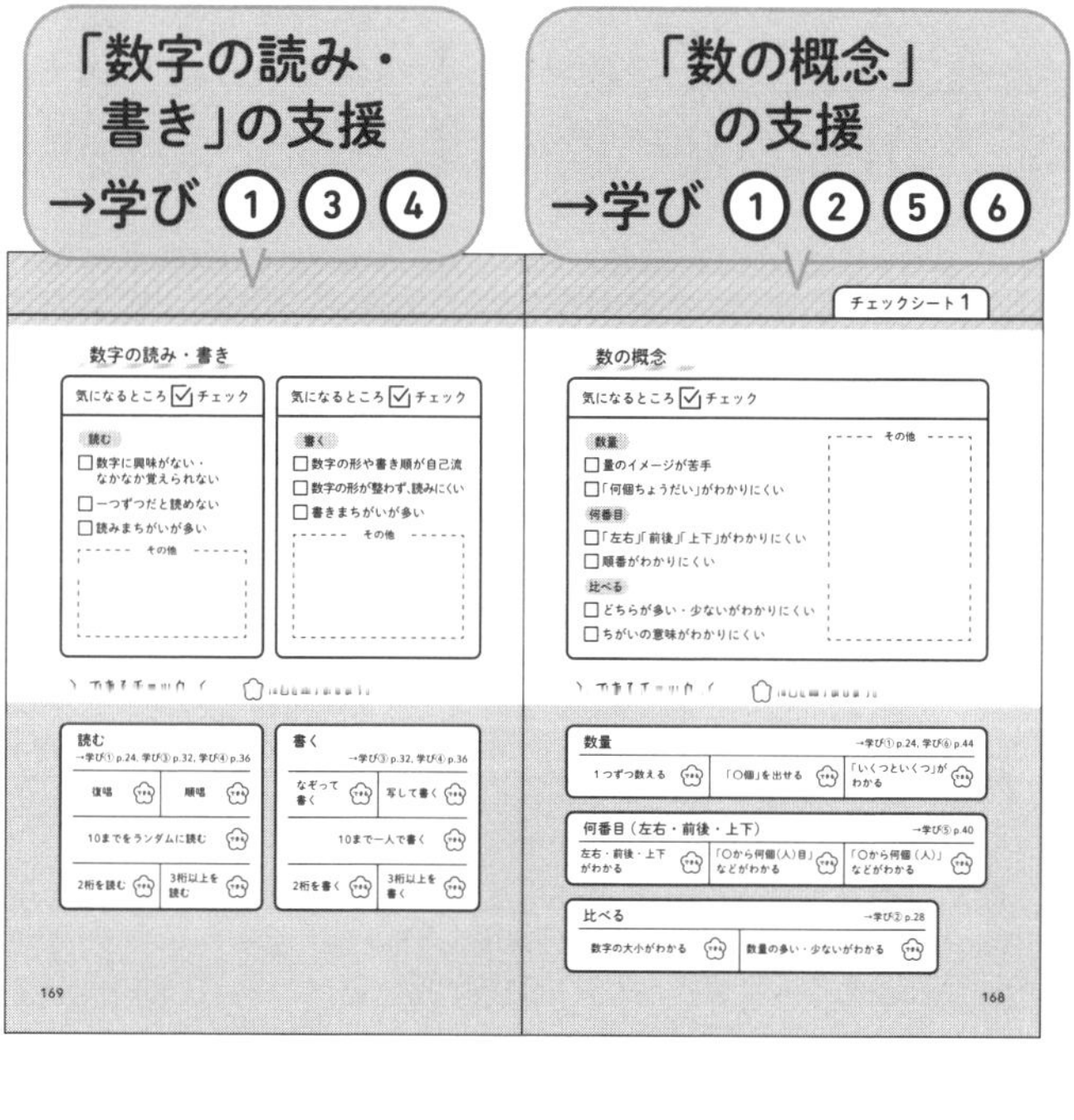

チェックシート2「計算」「文章題」（↓170ページ）

①子どもの「計算」「文章題」の学習の様子から、「気になるところ」をチェックします。ほかにも「気になるところ」があればメモしましょう。

②子どもの「計算」「文章題」の学習に取り組む様子を観察し、できているところは、できるに色をつけましょう。

③「計算」と「文章題」の領域を比べます。「計算」と「文章題」の理解に差があるかもしれません。苦手なところは特にサポートが必要です。

④できるに色がつかない項目は、「学び」のページを見て、サポートの参考にしましょう。

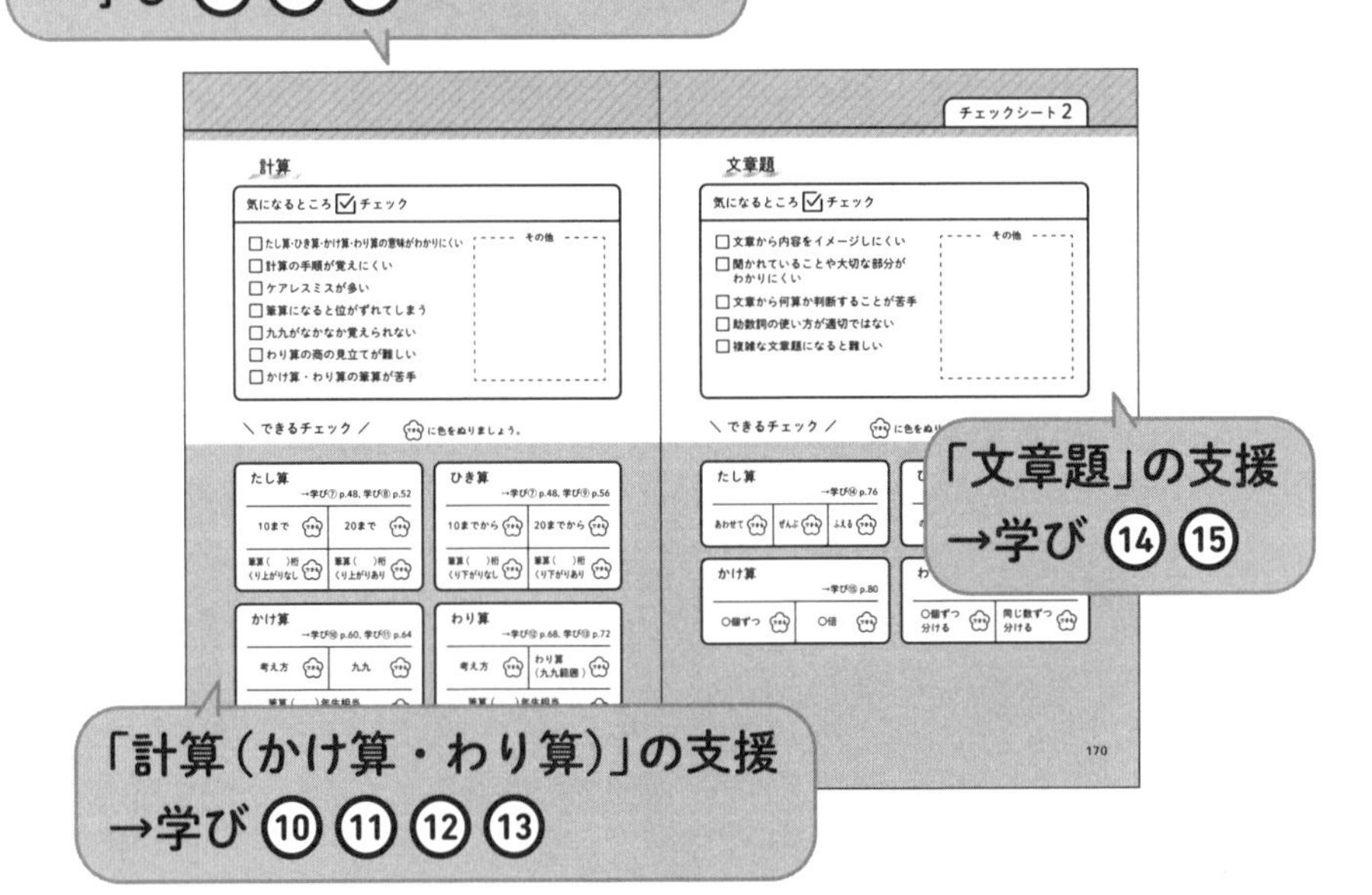

チェックシート3 「小数・分数の基本」「単位の基本」（→172ページ）

①子どもの「小数・分数」「単位」の学習の様子から、「気になるところ」をチェックします。ほかにも「気になるところ」があればメモしましょう。

②子どもの「小数・分数」「単位」の学習に取り組む様子を観察し、できているところは、（できる）に色をつけましょう。

③「小数・分数」「単位」の領域を比べます。苦手なところは特にサポートが必要です。「わかる」段階に戻って、子どもに合う方法を工夫しましょう。

④（できる）に色がつかない項目は、「学び」のページを見て、サポートの参考にしましょう。

「小数」の支援
→学び⑯⑰

チェックシート3

小数・分数の基本

気になるところ☑チェック

小数
□読み・書き・概念が正確ではない・読みまちがいが多い
□計算の手順がわからない/手続きを覚えにくい

分数
□読み・書き・概念が正確ではない・読みまちがいが多い
□計算の手順がわからない/手続きを覚えにくい

その他

＼できるチェック／ （できる）に色をぬりましょう。

小数 →学び⑯ p.84、学び⑰ p.88
小数で表す（できる） 読む（できる） 書く（できる）
小数の大小（できる）
＋－の計算（できる） 文章題（できる）

分数 →学び⑱ p.92、学び⑲ p.96
分数で表す（できる） 読む（できる） 書く（できる）
分数の大小（できる）
＋－の計算（できる） 文章題（できる）

173

単位の基本

気になるところ☑チェック

長さ
□長さのイメージが難しい

かさ
□量のイメージが難しい

重さ
□重さのイメージが難しい

単位
□いろいろな単位の換算の手順がわからない

その他

＼できるチェック／ （できる）に色をぬりましょう。

長さ →学び㉓ p.112 →学び㉕ p.120 mm,cm,m,km
長さをはかる（できる）
長さの計算（できる）
長さの換算（できる）

かさ →学び㉔ p.116 →学び㉕ p.120 mL,dL,L
かさをはかる（できる）
かさの計算（できる）
かさの換算（できる）

重さ →学び㉔ p.116 →学び㉕ p.120 g,kg,t
重さをはかる（できる）
重さの計算（できる）
重さの換算（できる）

「分数」の支援
→学び⑱⑲

「単位」の支援
→学び㉓㉔㉕

チェックシート4「図形の基本」「生活（お金・時計・情報）」（→174ページ）

①子どもの「図形」「生活（お金・時計・情報）」の力について日常生活や学習の様子から、「気になるところ」をチェックします。ほかにも「気になるところ」があればメモしましょう。

②子どもの「図形」「生活（お金・時計・情報）」の学習に取り組む様子を観察し、できているところは、できるに色をつけましょう。

③「図形」「生活（お金・時計・情報）」それぞれの領域を比べます。領域によって理解に差があるかもしれません。苦手なところは特にサポートが必要です。

④できるに色がつかない項目は、「学び」のページを見て、サポートの参考にしましょう。

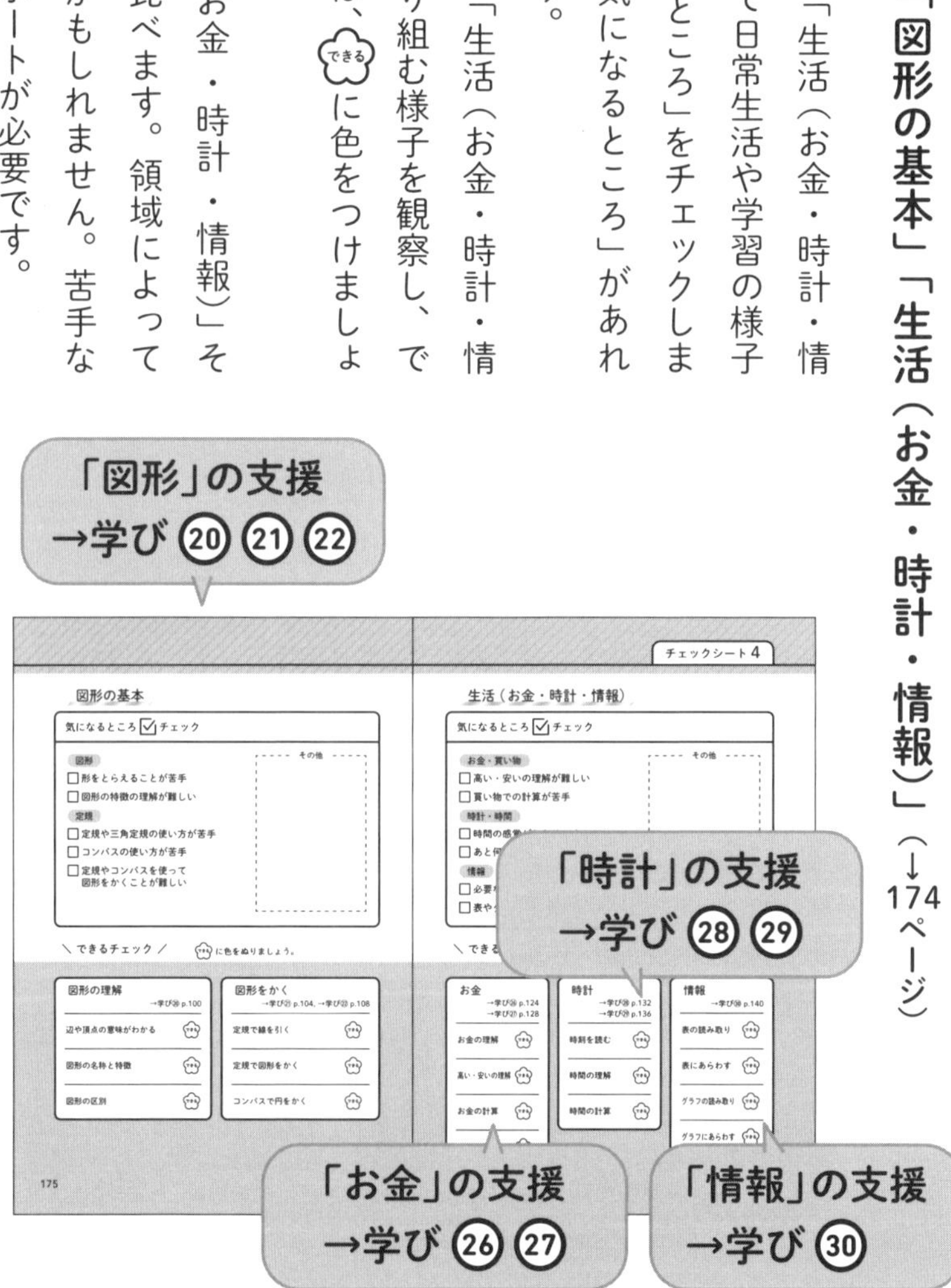

第3章

「できる」をふやす学び方

算数の基礎を楽しく学び、
生活の力につなげましょう。

学び

1

数を理解する

親の視点

数字は読めて、「1、2、3……」と順番に唱えられるのに、身の回りのものを数えられません。「みかんを3個ちょうだい」と伝えても、適当に持ってきたりします。数字が読めても「数量」と結びついていないようです。

子の視点

「1の次は2、2の次は3」、数字は順番に並んでいるから好き！でも、「何個あるの？」って聞かれても、それってどういう意味なのかな？

学びの手立て

「数字が読める」ことと「数量を理解する」ことは、同時にできるとは限りません。子どもにとって数字は目に見える具体的でわかりやすいものですが、数量は増えたり減ったりするとらえどころのないイメージだからです。「数字」と「数量」が結びつくように、身近なものを活用して、次のような進め方で、指で示せる小さい数からいっしょに数えて練習しましょう。

①3までの数量→②5までの数量→③10までの数量

使ってみたい教材・教具↓146・154ページ

STEP 1 数字を読む

数字を順番に唱えていても、一つずつの数字は読めていないという子もいます。数字カードを使って、正しく読めるかどうかを確かめましょう。読みが確実でない場合は、「数字を読む」ことから始めます。

STEP 2 数を数える

おはじきなどの具体物やイラストの数を「1、2、3、……」と一つずつ数え、「4」だったら「4個」と答えたり書いたりする練習です。いっしょに数えたり、イラストを囲んだりしながら、指と数唱がずれないようにリズムよく数えましょう。たとえば、「1、2、3、4、5！」とりんごを数えたら、「そうだね。5個だね。りんごが5個あるね」などと言葉で言いかえてあげるとよいでしょう。

STEP 3 「何個？」を「見える化」

絵の数、または数字の数だけ○をかく練習です。最初は「1、2、3、……」といっしょに数えてあげましょう。子どもが○をかけたら「何個だった？」と質問し、子どもがその個数を言えるようにします。

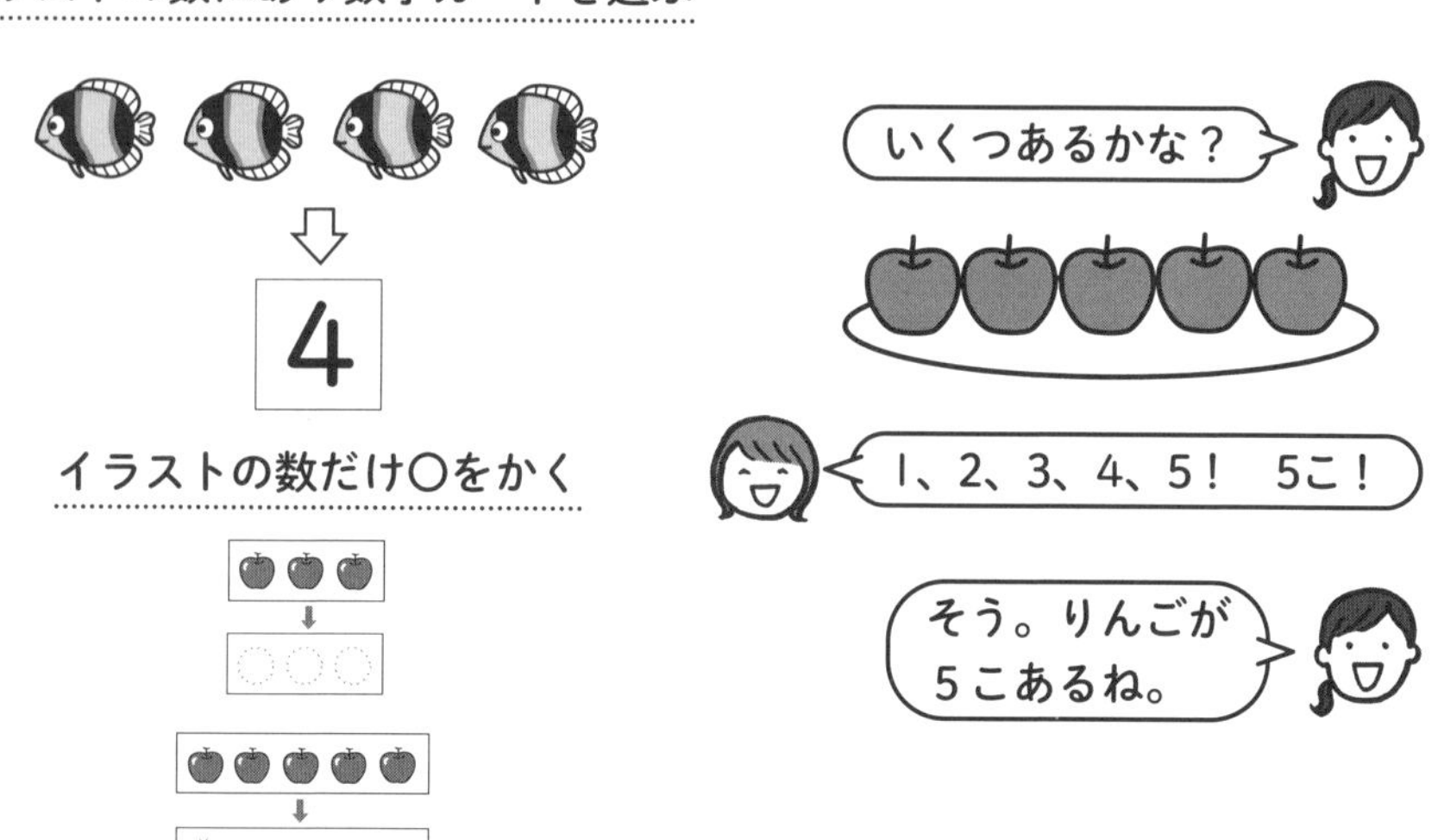

STEP 4 数量をとらえる

数量の「まとまり」としてとらえることができているかどうかを、カードやイラストでも確かめてみましょう。「5個あるのはどっち？」と聞いて5つのほうを選ぶことができたら、「5個」の5という数量をとらえられているといえます。おかしなど、身近なものでも確かめましょう。

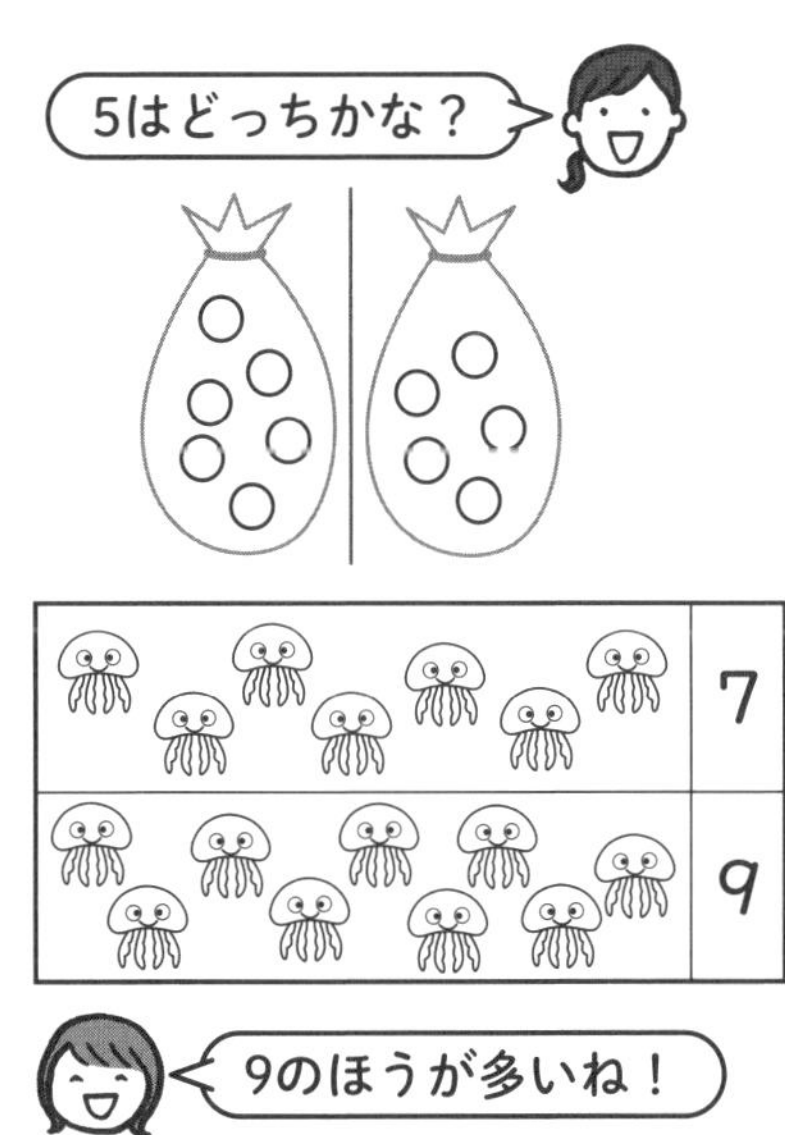

5はどっちかな？
7
9
9のほうが多いね！

POINT

数量の理解には時間がかかる子もいるので、楽しくくり返し練習できる工夫が必要です。数える具体物は、「おはじき」「ブロック」「積み木」「マグネット」など、子どもが操作しやすい、身近なものがよいでしょう。また、子どもが楽しく数えられるよう、好きなキャラクターやおかしなども使ってみましょう。練習なのでまちがってもよいのです。正確でない場合は、声に出していっしょに数えてあげてください。

学び 2 「多い」「少ない」を比べる

親の視点

数を数えることはできますが、二つの数や数量を比べて「どちらが多い・少ない」がわかりにくいみたいです。おかしを見て多いほうを取ることはできるのに……。

子の視点

「3より5が大きい」って、どちらも同じ大きさに見えるよ。数の「大きさ」って、どういうこと？

学びの手立て

「5個」が数えられても、「多い・少ない」は状況によって変わるので、理解できるまでには時間がかかります。また、「二つの数量を比べる」という学習は子どもにとって複雑であるため、「大きい」「小さい」「同じ」「多い」「少ない」「どちらがいくつ多い」「ちがい」などの言葉と実際の数量のイメージとが結びつくまでにも時間がかかります。一つひとつの言葉の意味を教えながら、次のような進め方でいっしょに取り組みましょう。

①数字の大小を比べる→②「同じ数」を理解する→③多い・少ないを比べる→④「ちがい」の意味を理解する

使ってみたい教材・教具↓146ページ

STEP 1 数字の大小

数字の表を見て、一つずつ大きくなっていることを確かめます。まずは、1から10で練習しましょう。「1」からだんだん大きくなり、いちばん大きい数が「10」であること、また、「1より1大きい数が、2」のように、1ずつ「大きくなる」こと、そして「3より1小さい数が、2」のように1ずつ「小さくなる」ことが理解できるようにします。そのうえで、二つの数字を示して、数の大小を比べる練習をします。

STEP 2 「同じ数」

「皿1枚におはじき1個を置いてみよう」の練習をします。一対一で対応させて「同じ数」であることを確かめます。また、「皿にのっている数と同じ数だけおはじきを置いてね」など、「同じ」が理解できているかどうかを確かめます。

STEP 3 「多い」「少ない」

具体物や絵などの数を数えて、「どちらが多い？」「どちらが少ない？」を比べる練習をします。実際におはじきを並べたり、絵を一つずつ線で結んだりしてみましょう。のこったほうが「多い」ということを理解し、「多い」「少ない」の判断ができるようにします。

どちらが多い？

9
5

9のほうが多いね！

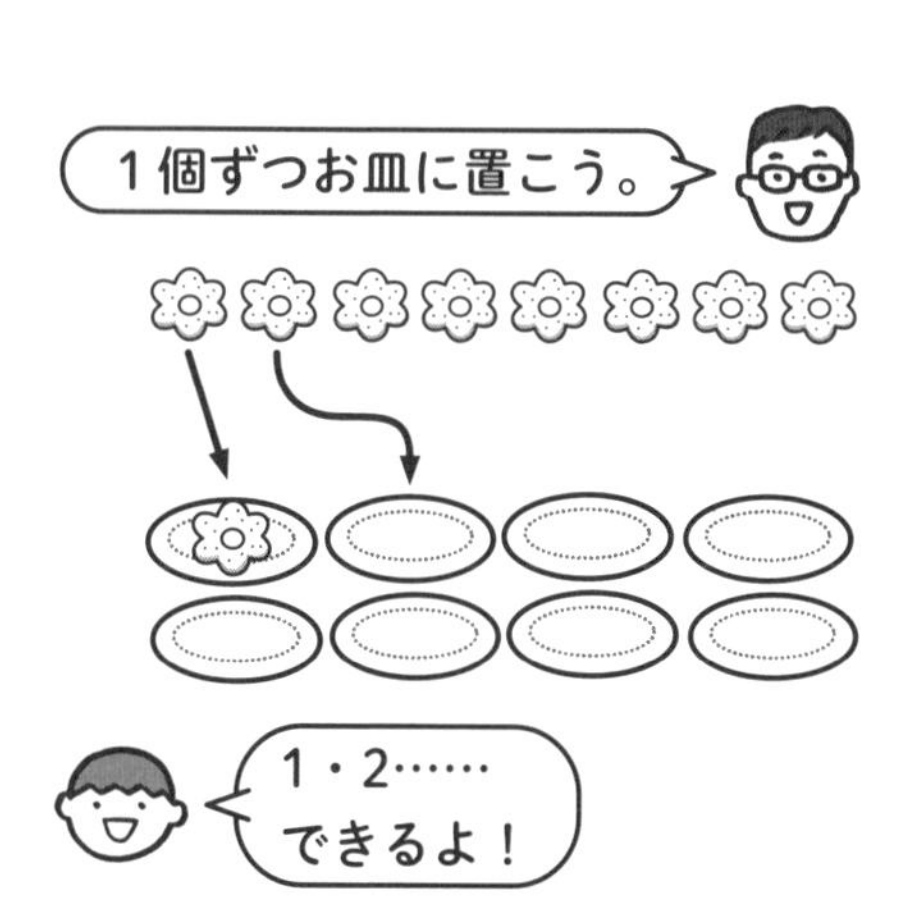

STEP 4 「ちがい」

「多い」と「少ない」の「ちがい」がどこにあたるのか、ワークシート上で見て確認します。「ねこのほうが、魚より2ひき多いね」などといっしょに言いながら理解を深めましょう。ひき算ができる子の場合は、「多い数 − 少ない数 ＝ ちがい」であることも確かめてみるとよいでしょう。

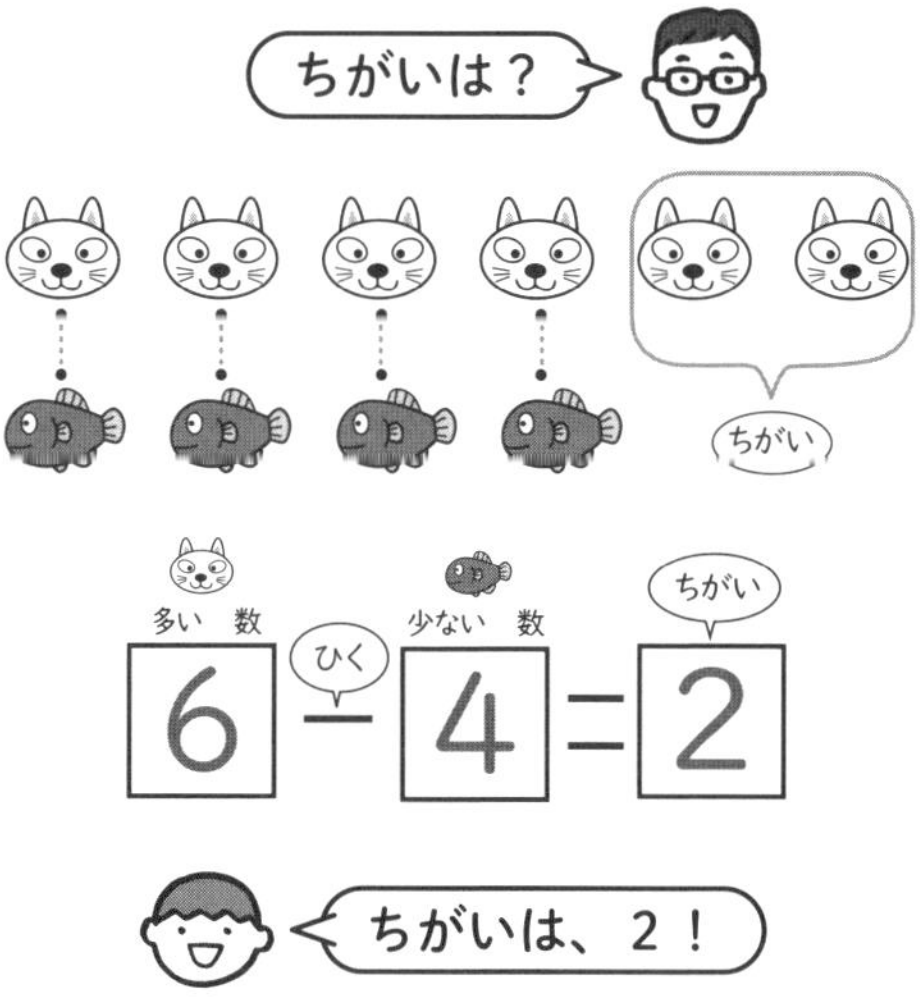

POINT

「どちらがいくつ多いでしょう」は小学校1年生で出てくる文章題ですが、言葉の理解やイメージすることが苦手な子どもにとっては「何を聞かれているのか」がわかりにくい問題です。すぐに理解できることを求めずに、数のイメージと言葉の理解が結びつくまで、根気よくサポートしてあげましょう。

学び 3

3桁までの数の読み書き

親の視点

2桁の数は読めますが、3桁になるとまちがいが多く、「101」を「じゅういち」と読んだり、「さんびゃくにじゅういち」と聞いて「30021」と書いたりします。位取りや位の意味があいまいみたいです。

子の視点

「321」は「さん・に・いち」だよね。ちゃんと読んでいるよ。どうして「さんびゃくにじゅういち」なの？　「びゃく」とか「じゅう」とか、そんな字は書いてないよ。

学びの手立て

2桁の数が確実に読めたら、次は3桁の数です。子どものペースに合わせて、声に出して読みながらゆっくり教えてあげましょう。3桁の数はお金や買い物でよく目にする数なので、買い物の場面での値段やお金をイメージしながら楽しく取り組みましょう。

使ってみたい教材・教具↓147ページ

STEP 1　2桁の数を読む

100までの数が確実に読めているかどうかを確かめてみましょう。

例
- 「56」は何と読む？
- 「56」の十の位の数字は？　一の位の数字は？
- 「56」は、10がいくつと、1がいくつかな？
- 10が5つと、1が6つで　いくつになる？

STEP 2 生活の中の3桁の数

スーパーのチラシやハンバーガーショップのメニュー表などから、子どもが好きな商品を選んでカードをつくります。

・ハンバーガーの値段は「220円」と、百の位から(位が確実でない場合は「左から読むよ」と言って)指をさしていっしょに読みます。

・「ポテトはいくら?」「150円のものはどれ?」などと質問します。

STEP 3 3桁の数の読み書き

商品のカードを見ながら「チョコレートの値段を書いて」などと伝えて、ノートやホワイトボードに書いて読んでみましょう。

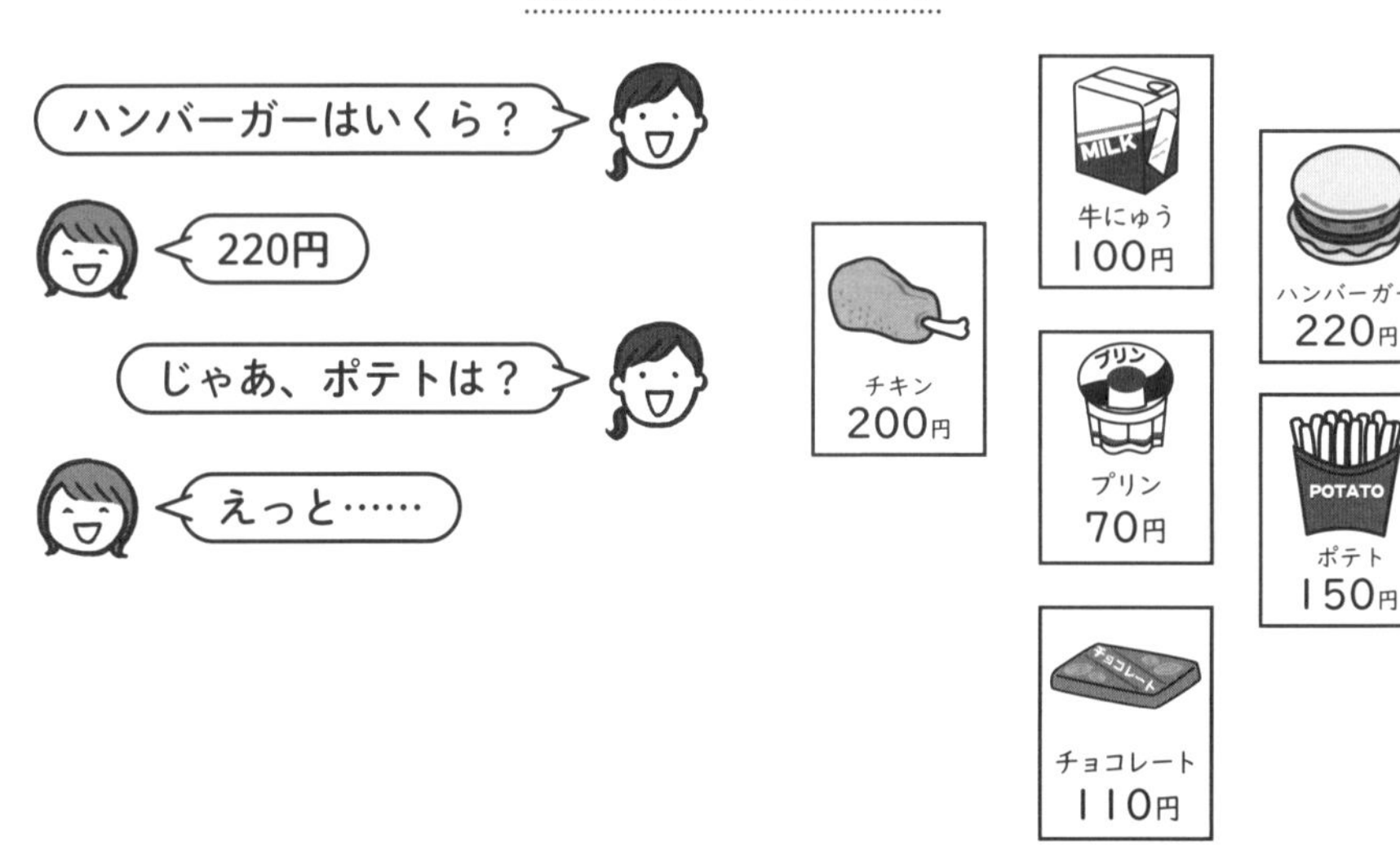

STEP 4 お金で「見える化」

ケーキの値段「298円」が、100円玉が2枚、10円玉が9枚、1円玉が8枚であることがイメージできるように、お金を使って考えてみます。
また、位取り表を手がかりにしたり、算数セットの棒やブロックに置きかえて位取りの理解を深めたりしてもよいでしょう。

お金を使って考える

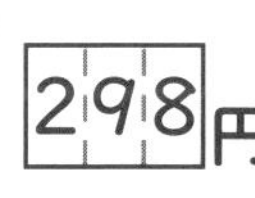

100	10	1
2	9	8
(100円玉2枚)	(10円玉9枚)	(1円玉8枚)

POINT

3〜4桁までの数は、日常の買い物にもよく使います。お金と結びつけて考えるだけでなく、実際に買い物に行って財布からお金を払う経験も大切です。ICカードだけでなく、自分のおこづかいを使うことや、予算内で商品を選んで買い物をすることが楽しくなると、算数がもっと身近なものになるでしょう。

学び
4
大きい数

親の視点

千をこえる大きい数になると、読み書きがたいへんそうです。一人で書くと0が多かったり少なかったりして、テストでもまちがいが多くなります。

子の視点

千は0が3つ？　じゃあ一万は0がいくつ？　千と一万とではどちらが大きいんだっけ？　一億なんて聞いたことがないよ。

学びの手立て

小学校3年生までに一億までの大きい数を習いますが、子どもの生活の中で見慣れた数ではないので、なかなかイメージができません。身の回りの大きい数を調べるなどして、楽しみながら読んだり書いたりし、次のような進め方で取り組みましょう。

①大きい数を読む→②漢数字を数字に、数字を漢数字に書きかえてみる→
③大きい数を生活の中で探してみる

使ってみたい教材・教具↓153ページ

STEP 1 大きい数の位を読む

「一、十、百、……」と、大きい数の位を声に出して読んでみましょう。また、位を表す漢字と数字を結びつける練習をしましょう。

一・十・百・千・万・十万・百万・千万・一億……

STEP 2 位取り表で「見える化」

位取り表を手がかりにして、大きい数を読んだり書いたりしてみましょう。また、0が一つ増えるごとに位も一つ上がっていくことを理解できるようにします。位の部屋に分かれた表で「見える化」して、数字を表に書き込んだり声に出して読んだりをくり返しましょう。

STEP 3 漢数字と数字の書きかえ

位取り表をヒントに、漢数字を数字に、数字を漢数字に書きかえることができるようにしましょう。

位取り表を手がかりにする

一									1
十								1	0
百							1	0	0
千						1	0	0	0
⋮									
一億	1	0	0	0	0	0	0	0	0

					1	0	0	0
一億	千万	百万	十万	一万	千	百	十	一

STEP 4 生活の中でイメージ

大きい数を生活の中でもイメージできるように、大きい数を調べてみましょう。

例
- ・ゲームソフトの値段は？
- ・車はいくらで買えるのかな？
- ・富士山の高さは？
- ・日本の人口は？
- ・東京から新大阪までの距離は？

大きい数を調べる

ゲームソフトの値段は？

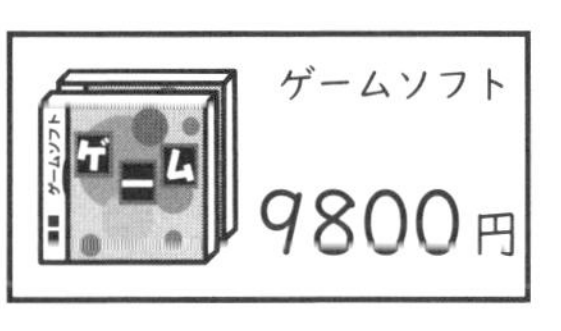

9800円！

POINT

ホワイトボードなどを使って、読んだり書いたり楽しく練習しましょう。「一億円って、ゼロがいくつつくのかな？」など、ふだん子どもが扱うことの少ない大きい数にも、少しずつ慣れていくようにしましょう。

学び
5
左右・上下から何番目

親の視点

左右をまちがえることが多く、「右から何番目」「左から何番目」などが苦手です。また、「上から何番目」「前から何番目」も、わかりにくいようです。

子の視点

「右から？」「上から？」「前から？」それってどこのこと？　どっちから数え始めたらいいのか、最初に教えてくれたらいいのに。

学びの手立て

自分の身体に関するイメージが弱く、「左右」の認識があいまいな子がいます。まず、左右を確認してから、「前後」「上下」もいっしょに確かめましょう。

使ってみたい教材・教具↓146ページ

STEP 1 「左右」はどっち

まず、「右手」「左手」で考えましょう。次のように質問して、実際に手をあげてもらいましょう。最初はいっしょに、それから少しずつヒントを減らすなどして、子どもがさっと判断できるようになるまで少しずつ続けていきましょう。向かい合ったときの練習は、子どもの向きに合わせます。「みぎ」「ひだり」と書いたカードを置いて練習するとよいでしょう。

・右手（左手）をあげましょう。
・鉛筆を持つ手は？ ↓（右・左）
・おはしを持つ手は？ ↓（右・左）
・くだものなどの絵がかかれたカードを横1列に3枚並べて、「いちばん右は何？」「バナナの左は何？」などと聞き、目で見て左右を判断できるようにします。

STEP 2 「右・左から何番目」

「右手」「左手」を基準にして、カードなどを使い、「右から何番目」「左から何番目」を数える練習をします。いちばん右・左を確かめたあと、右・左から1番目→右・左から2番目→右・左から3番目と、順番に数えて判断できるようにします。慣れたら、「上・下」「前・後」でも練習してみましょう。

STEP 3 「右から3人」を数える

絵を見ながら「右から3人」を数える練習をします。「3人目」が指すのは一人ですが、「3人」は3人全員を指すことを、マルで囲むなどして目で見て確かめられるようにします。言葉とその意味がつながるよう、手がかりを多めにして練習しましょう。

上
1
2
3
4
下
犬
ぶた
りす
ねこ
くま
ぞう
上から5番目

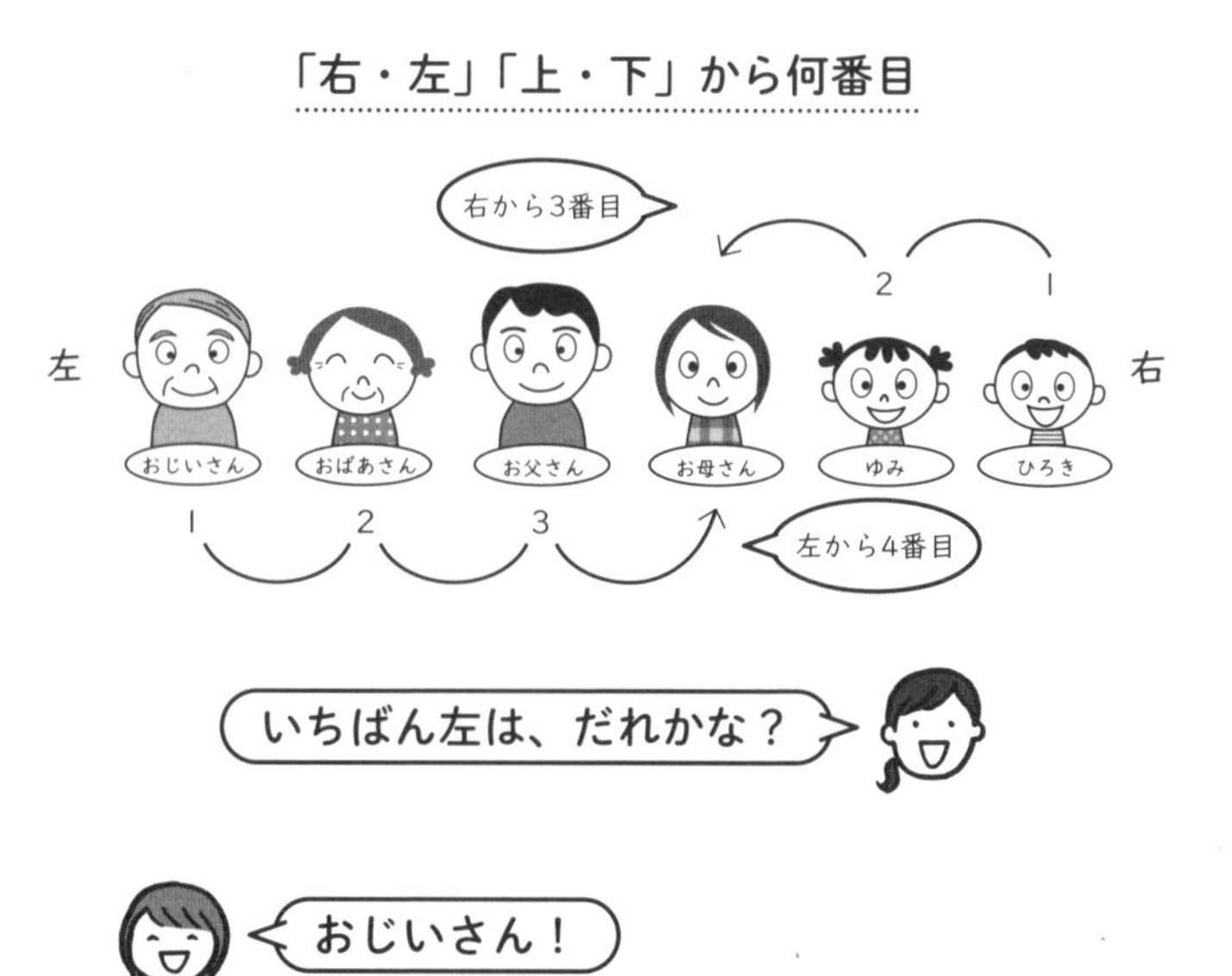

STEP 4 生活の中で考える

学校の下駄箱やクラスの席順などで考えてみます。家庭でも冷蔵庫の「上から何段目」、たんすの引き出しの「上下・左右から何段目」などや、買い物先のスーパーの棚や自動販売機などでも練習できますね。

上から2段目のいちばん右は？

上

左				右
	りんご	バナナ	みかん	
左	なし	すいか	レモン	右
	いちご	かき	もも	

下

POINT

左右の認識があいまいであれば、本人が自分で確認できる手がかりを決めておくとよいでしょう（右利きの子には、「おはしを持つ手」が右手など）。その子にだけわかるマークを工夫してあげるのもいいですね。また「右から3人目」と「右から3人」などになると、言葉とその意味の理解が難しくなりますので、そのつど実際に物を使って教えてあげましょう。

学び ⑥

「いくつといくつ？」

親の視点

「4＋6」はできるのに、「10は4と、あといくつ？」と聞かれると、わからなくなります。数の分解を使えば計算がもっとらくになるのに……。

子の視点

「10は4と6」って、どういう意味？　10は10なのに。それって、たし算なの？　それとも、ひき算なの？

学びの手立て

「あといくつ」という、目には見えない数をイメージすることが苦手な子がいます。「あといくつ」の意味を「見える化」してあげましょう。「5は、2と3に分けられる」などとあわせて練習します。

使ってみたい教材・教具↓146ページ

STEP 1　具体物で考える

おはじきやマグネットなどの具体物やイラストを使って、たとえば「5」という数は「1と4」「2と3」に分けることができる、ということをいっしょに数えて確かめていきます。「5は1と4」「1と4で5」をセットにして、いろいろな分け方があることに気づけるようにします。

5のいろいろな分け方

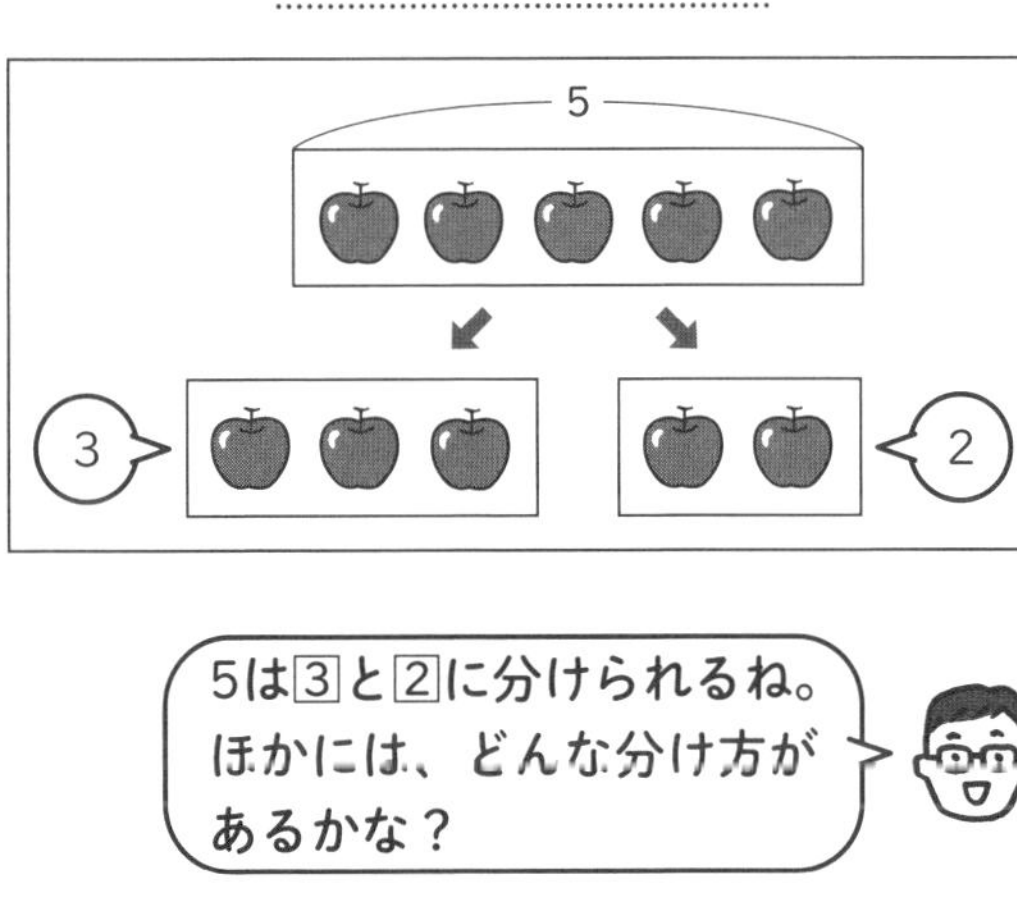

STEP 2 あといくつで10になる？

10個の具体物やイラストを用意して、「あといくつで10になる？」という言葉を式に表し、「6＋□＝10」で考えてみます。実際におはじきやマグネットを動かしながら「なるほど！」と思えるように示してあげて練習しましょう。

STEP 3 「たして10になる」組み合わせ

「たして10になる」組み合わせをたくさん覚えておくと、ほかの場面でも使えて便利です。書き出したり、表にして貼っておいたりして覚えておきましょう。また「2+8＝10」を覚えると同時に、「2と8を合わせると10だね」「10は2と8に分けられるね」のように言葉を補ってあげるとよいでしょう。

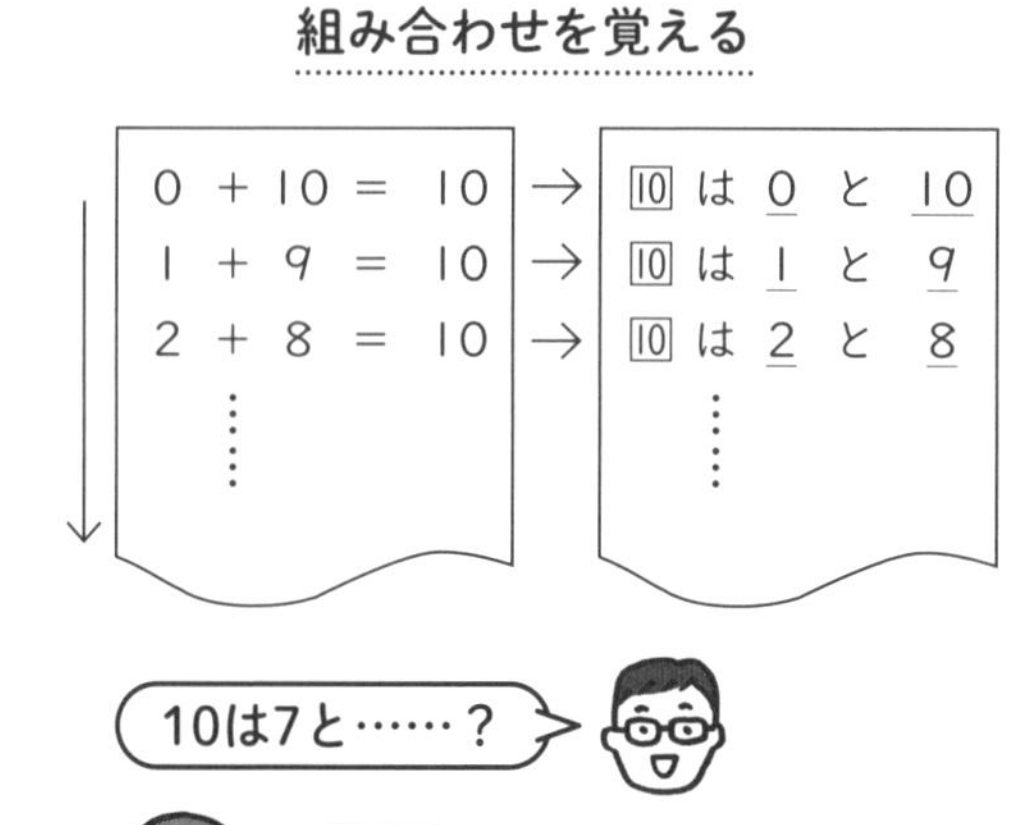

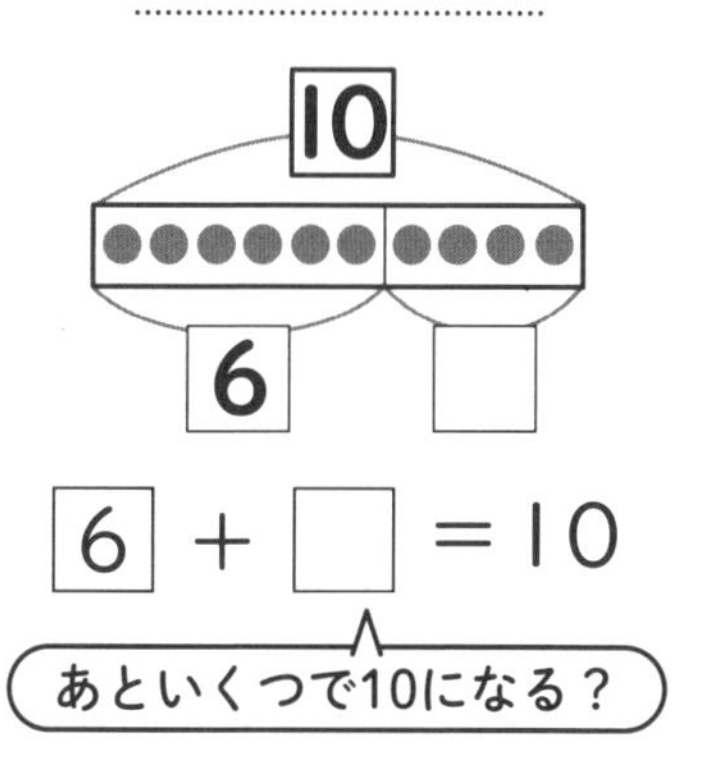

STEP 4 文でイメージする

「今、教室に生徒が6人います。あと何人で10人になりますか」「おにぎりを12こつくります。今、4こつくったよ。あと何こつくればいいかな」など、身近な例を使って「いくつといくつ」を具体的にイメージできるようにします。

具体的にイメージする

POINT

「いくつといくつ」は、小学校で「8＋6」などの計算をするときに使う「合成と分解」の考え方につながります。理解に時間がかかる子も多いので、すぐに計算に応用させるのではなく、おかしを分けることなどをとおして、ゆっくり理解できるようにしましょう。

学び 7

正しく計算する

親の視点

たし算もひき算も、いつまでも指を使っていては時間がかかります。計算ミスも多いのですが、指を使わないと自信がないようです。いつになったら暗算でできるのかしら……。

子の視点

たし算もひき算も指を使って計算するのがいちばん安心。指を使わずに計算しなさいって言われるけど、どうして指を使ってはだめなの？

学びの手立て

計算に指を使いたいのは、「手がかり」がほしいからです。指を使うことによって、安心して正確に計算できるならそれでよいのです。無理に暗算させようとせず、徐々に「数えたし」にしたり、「〇をかく」方法も取り入れたりしていきます。子どもが一人で安心して確実に計算できる方法を優先してあげましょう。

使ってみたい教材・教具↓148ページ

STEP 1 10までのたし算、ひき算

まず指を使ったり、〇をかいたりしながら、答えが10までの数のたし算と10までの数からのひき算を確実にできるようにしましょう。安心して取り組みながら、少しずつスピードがつくように練習します。はじめは「たし算だけ」「ひき算だけ」で練習し、慣れたら、たし算・ひき算の混合にも取り組み、＋・－の記号にも着目しながら練習します。

「手がかり」を使う計算

STEP 2　20までの数のたし算、20までの数からのひき算

数の分だけ○や×をかくのがたいへんになってきます。「数えたし」も取り入れて、「答えが20までの数のたし算」を練習します。はじめは、○や指を使ってよいので「自分で」「確実に」できるようにしていきます。答えが出たら、「○＋○＝□」のように式と答えを読んで、式として意識できるようにします。慣れたら、ひき算にも取り組んでみましょう。

STEP 3　「いくつといくつ」を用いる

「7と3で10」「12は10と2」の考え方を復習したあと、「さくらんぼ算」の手順を一つひとつ目で見て確かめながら練習します。ただし、「合成・分解」を用いた計算方法は小学校の算数では一般的ですが、

「数えたし」の計算

6 ＋ 3 ＝ □（⑦⑧⑨）

「いくつといくつ」を用いたたし算

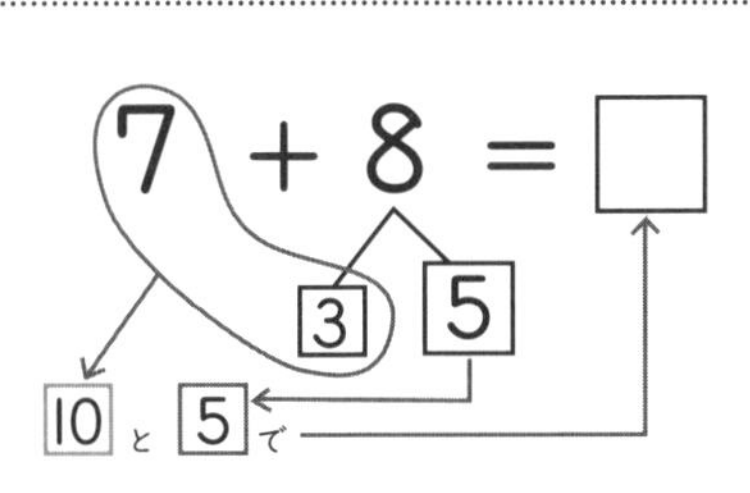

「いくつといくつ」を用いたひき算

12 − 6 ＝ □

10　2

10 − 6 ＝ 4

4 ＋ 2 ＝ 6

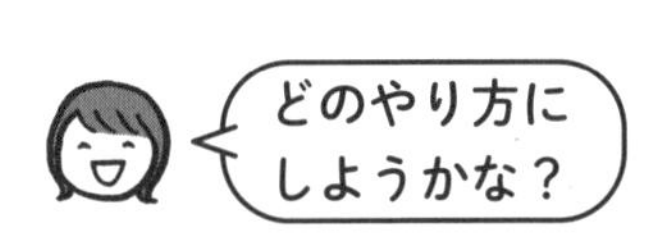

計算の手順が多く複雑になるので、子どもによってはミスしやすかったり「何の計算をしているのか」がわかりにくかったりします。難しい場合は「数えたし」などの方法で、確実に計算できるように練習しましょう。

STEP 4 計算カードを用いて楽しく

たし算カードやひき算カードをつくって、声に出して練習しましょう。指を使う方法でも暗算でも、子どもが安心して確実にできる方法でやればよいのです。自信がついてくると指を使わなくても、暗算でぱっと答えが浮かぶようになります。

POINT

計算は、子どもが一人でできる方法で、楽しくたくさん練習するのが効果的です。一度にたくさん計算するのではなく、子どもの集中力や負担に合わせて「扱う数（いくつまで）」「問題数」「答えを書く枠」を調整しながら、毎日こつこつ積み重ねていきましょう。答えが出せたら一問ずつ○をつけてあげて、「できた！」を実感できるようにしましょう。ミスがあったときには「×」をつけるのではなく、「おしい！　答えは6になるはずだから、もう一度計算してみよう」などの声かけで修正できるようにします。

学び 8

くり上がりのあるたし算

親の視点

たし算とひき算の筆算ができるようになりましたが、くり上がりのあるたし算の筆算になったとたんにミスが多くなり、なかなか進みません。

子の視点

どうして横ではなく、縦に計算するのかな？「10より大きくなったらとなりに1をくり上げる」って、どういうこと？

筆算になって「縦に計算する」という変化に、子どもはとまどいがちです。同じたし算であるということを理解したうえで、くり上がりの手順を「見える化」して、いっしょに練習しながら、少しずつ一人でできる部分をふやしていきましょう。

使ってみたい教材・教具↓148ページ

STEP 1 1桁どうしのたし算

まず、子どもに合った方法で、「9＋5＝14」のような、1桁どうしのくり上がりのあるたし算ができているかどうかを確かめます。次に、横書きの式、筆算のどちらも同じ答えになることを確認します。

STEP 2 くり上がりのないたし算の筆算

くり上がりのない2桁どうしのたし算の筆算をして、筆算と横書きの式のどちらも表している意味は同じであることを確かめます。わかりやすいように位ごとに線を引くなど、位を縦にそろえて計算できるようにしてあげましょう。

STEP 3 くり上がりにチャレンジ

筆算を大きく書き、くり上がり用の枠を入れてすべての手順を「見える化」します。一部分をなぞり書きにするなどして、その手順にそって進めれば自動的に「できた！」となるようにして練習します。そのあと少しずつなぞり書きや枠などの支援を少なくしていき、一人でできるようにしていきます。

STEP 4 計算機で答えを確かめる

がんばって計算したら、計算機を使って自分で答えを確かめるようにしましょう。「できた！」という気持ちを味わうことが大切です。また、うっかりミスの多い子や「まちがう」ことへの不安が強い子は、まず先に計算機で答えを出しておいてから、自分で筆算をして確かめるという方法でもよいでしょう。

筆算の手順を「見える化」する。

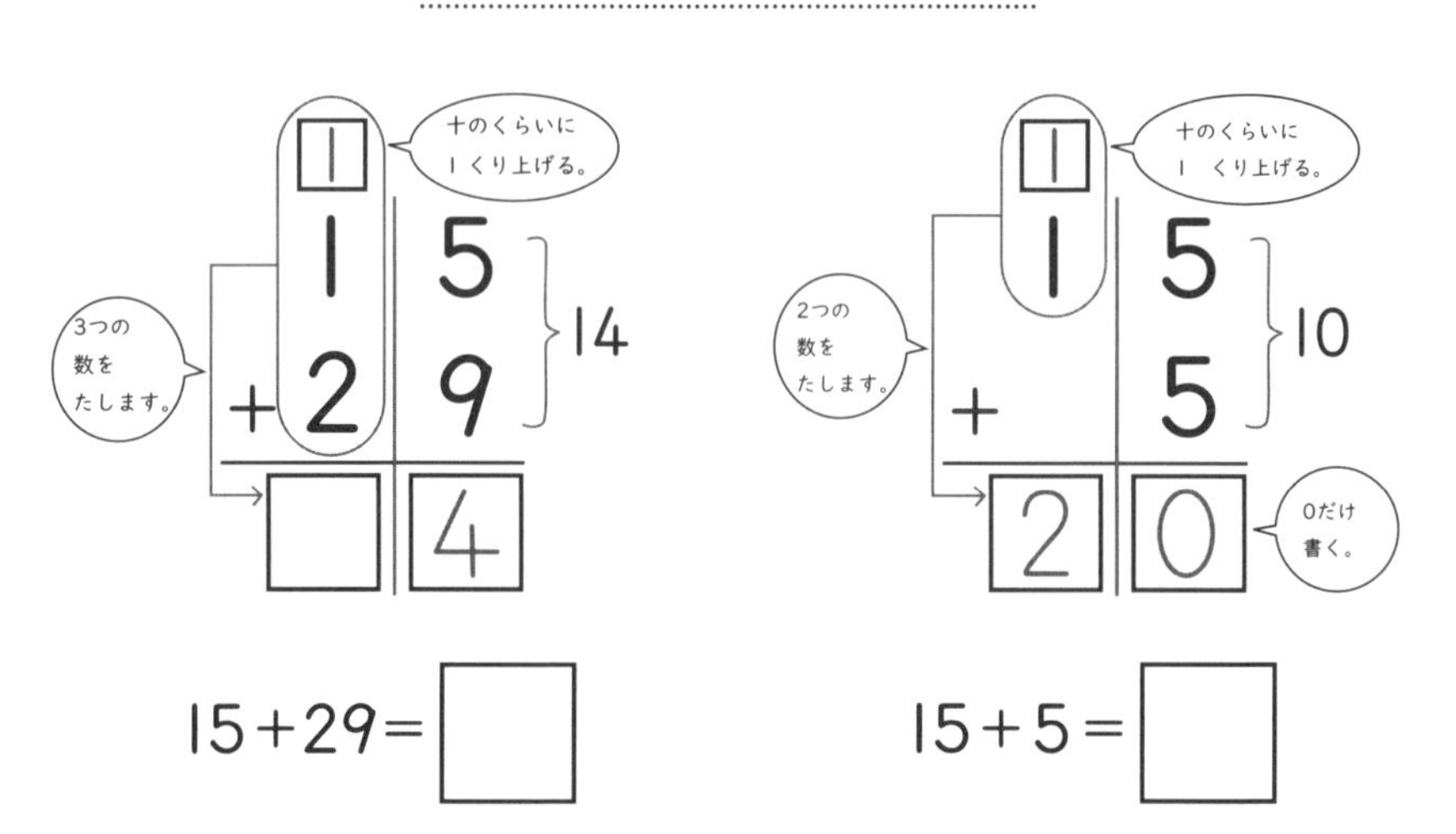

STEP 5 買い物でのお金の計算で考える

「45円と37円でいくらになるかな？」「160円のおにぎりと240円のサンドイッチを買うといくらかな？」など、生活の中のお金の計算などに当てはめて考えてみましょう。「お父さんの代わりに計算してね」などとお願いしてみてもよいでしょう。

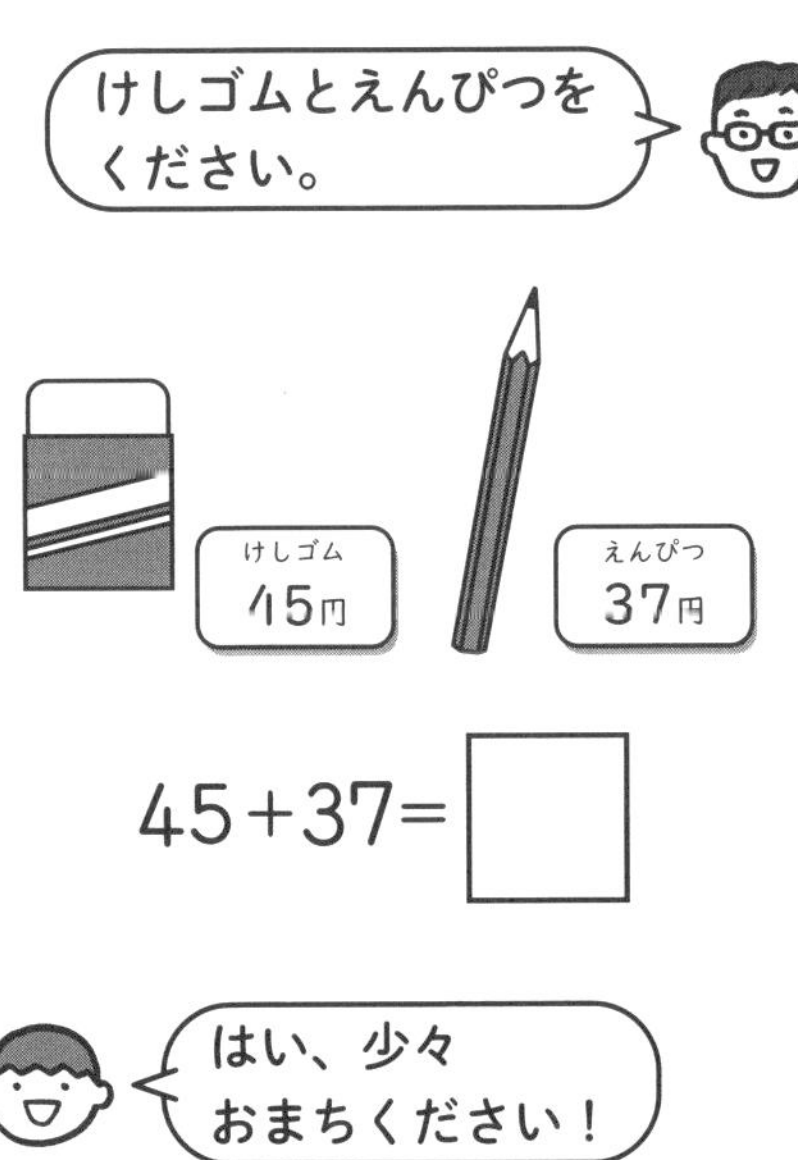

POINT

位取りの意識が弱い子にとっては、「くり上がる」ということの意味を理解するまでに時間がかかります。まずは計算のルールや手順を覚え、数字の大きさを調整し、位取りがわかりやすい線やマス目を入れて、確実に計算できるようにサポートしましょう。一度に練習する問題数も負担なくできる数にします。計算機を活用できるようにしてもよいでしょう。

学び

9

くり下がりのあるひき算

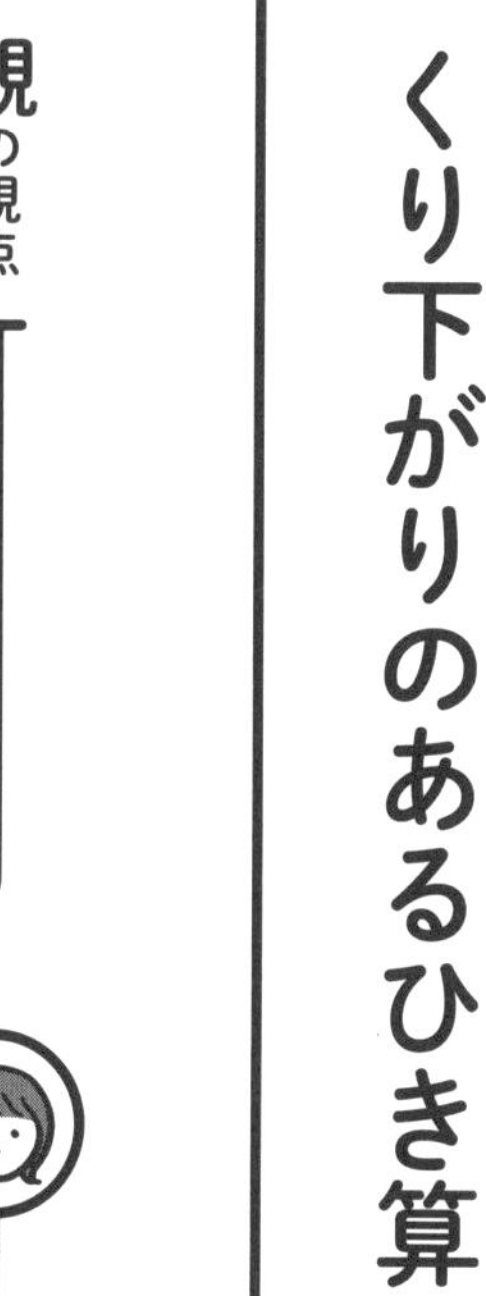

親の視点

　ようやくくり上がりのあるたし算ができるようになってきたと思ったら、今度はくり下がりのあるひき算で困っています。子どもは混乱して、いらいら……。

子の視点

　おとなりから10を借りてくる？　おとなりってだれのこと？　今やっているのはくり上がりなの？　くり下がりなの？　どっちなんだっけ？

学びの手立て

「くり下がり」の手順を「見える化」して、いっしょに練習しながら、少しずつ一人でできる部分をふやしていきましょう。

使ってみたい教材・教具 ↓ 148ページ

STEP 1 2桁ひく1桁の計算

「12－3＝9」のような2桁ひく1桁で、答えが1桁になる計算ができているか確かめます。

STEP 2 くり下がりのないひき算の筆算

くり下がりのないひき算の筆算をして、筆算と横書きの式のどちらも表している意味は同じであることを確かめます。わかりやすいように位ごとに線を引くなど、位を縦にそろえて計算できるようにしてあげましょう。

STEP 3 くり下がりのあるひき算の筆算

くり上がりのあるたし算と同様に、くり下がりのあるひき算の筆算の手順を「見える化」し、一部分をなぞり書きにするなどして練習します。一の位が0の数からひくひき算から始めるとわかりやすいでしょう。

STEP 4 2段階のくり下がりがあるひき算の筆算

「となりのとなりから借りる」というステップを「見える化」して、子どもが進めやすいようにするという支援のしかたは同じです。

筆算の手順を「見える化」する

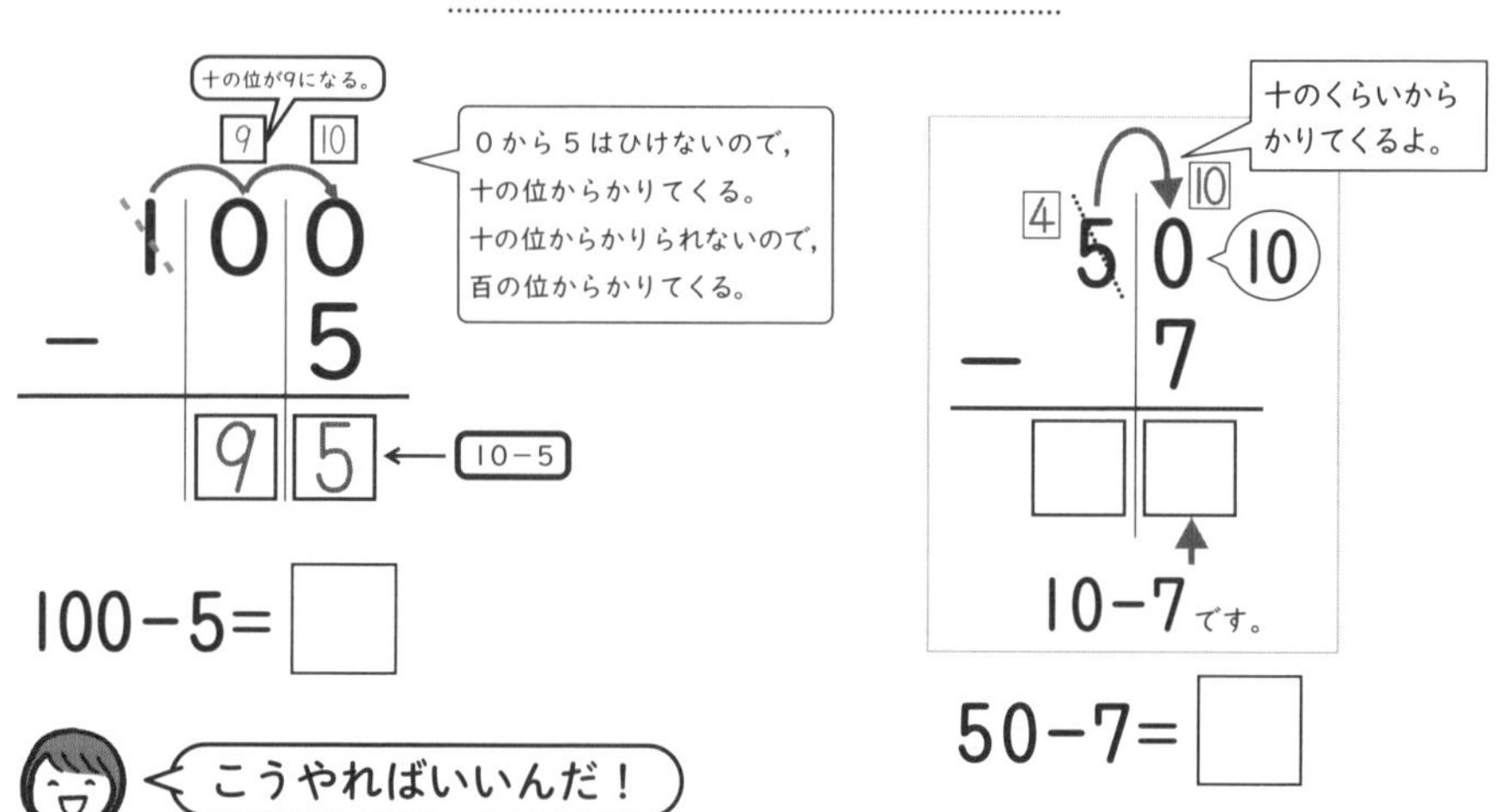

STEP 5
計算機で答えを確かめる

計算機を使って自分で答えを確かめ、「できた！」という気持ちを味わえるようにします。

STEP 6
買い物でのお金の計算に置きかえる

「500円で180円のおかしを買ったらおつりはいくらになる？」など、買い物でのお金の計算などに置きかえて計算機を活用しながら考えます。「くり下がり」が生活の中の計算にもたくさんあると感じられるようにします。

POINT

市販のドリルは問題数が多いので、ノート1ページを上下に分けて1問ずつ書くなどして、子どもが見やすく書きやすいように、じゅうぶんな作業スペースをとって練習しましょう。また、ミスの多い子や「まちがう」ことへの不安が強い子は、先に計算機で答えを出してから自分で計算する（確かめる）ようにすると安心してできますね。

学び
10
九九を覚える・理解する

親の視点

九九がなかなか覚えられません。５の段まではなんとか覚えましたが、６〜９の段を覚えるのにはまだまだ時間がかかりそうです。かけ算の意味が理解できていないようです。

子の視点

九九ってなんでこんなにたくさんあるの？　全部覚えるなんて無理！　九九をなぜ覚えなくちゃいけないんだろう。

学びの手立て

はじめに、「3×4は3が4つあること」などかけ算の意味を絵や図を手がかりに「見える化」して、イメージできるようにします。九九を覚えるペースは子どもによって異なりますので、あせらせずに「1の段」から始め、「見ながら」「聞きながら」「唱えながら」「書きながら」、その子に合う方法で楽しく覚えていきましょう。

使ってみたい教材・教具↓149ページ

STEP 1 かけ算のイメージを「見える化」

絵や図を手がかりに、「一つの箱にケーキが3個ずつ入った箱が4箱あると……」のように「3が4ある」ことと、「×」（かける）の意味を、つなげられるようにします。

STEP 2 1の段

「1の段」は、1にどんな数をかけても、答えはかける数になることを確認して、自信をもって答えを言えるようにしておきましょう。

STEP 3 2〜5の段

「2の段」「3の段」「4の段」「5の段」と、それぞれ九九の表を見ながら覚えていきます。「暗記する」ことを目的とせずに、九九の表やカードを手がかりにして、声に出しながら楽しく覚えていきましょう。

STEP 4 6〜9の段

後半になって覚える数が大きくなってくると、「4（し）」と「7（しち）」がまざったりして、正確に覚えるまでに時間がかかります。読み方を書いた九九の表をクリアファイルに入れていつでも見られるようにしておくとよいでしょう。

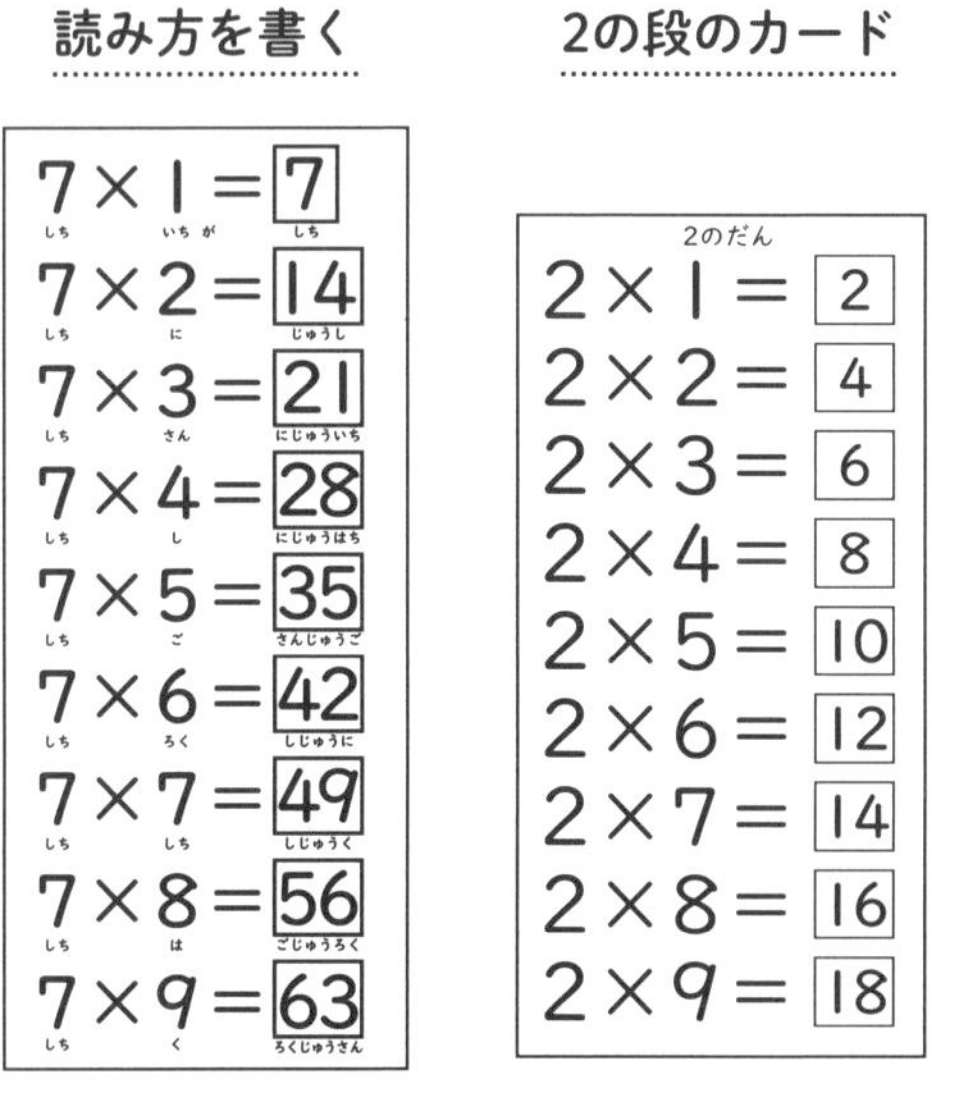

読み方を書く

式	読み方
7×1=7	しち いちが しち
7×2=14	しち に じゅうし
7×3=21	しち さん にじゅういち
7×4=28	しち し にじゅうはち
7×5=35	しち ご さんじゅうご
7×6=42	しち ろく しじゅうに
7×7=49	しち しち しじゅうく
7×8=56	しち は ごじゅうろく
7×9=63	しち く ろくじゅうさん

2の段のカード

2のだん

2×1=	2
2×2=	4
2×3=	6
2×4=	8
2×5=	10
2×6=	12
2×7=	14
2×8=	16
2×9=	18

九九カード

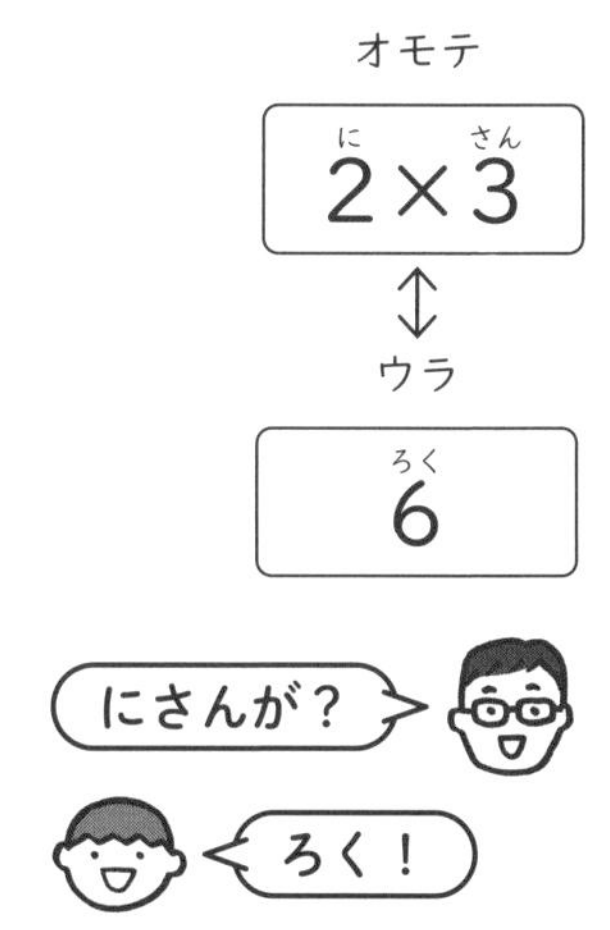

STEP 5 実際にやってみる

実際に「一つのふくろにあめを4個ずつ入れて、5ふくろつくる」などの作業をして、九九（4×5）と結びつけてみます。「〇個ずつ入れた」ことがわかりやすいように、透明のふくろを使うとよいでしょう。「いちごを2個ずつ4つの皿に置く」など、生活の中に実践するやり方はたくさんあるので、子どもが楽しめるものを工夫してみましょう。

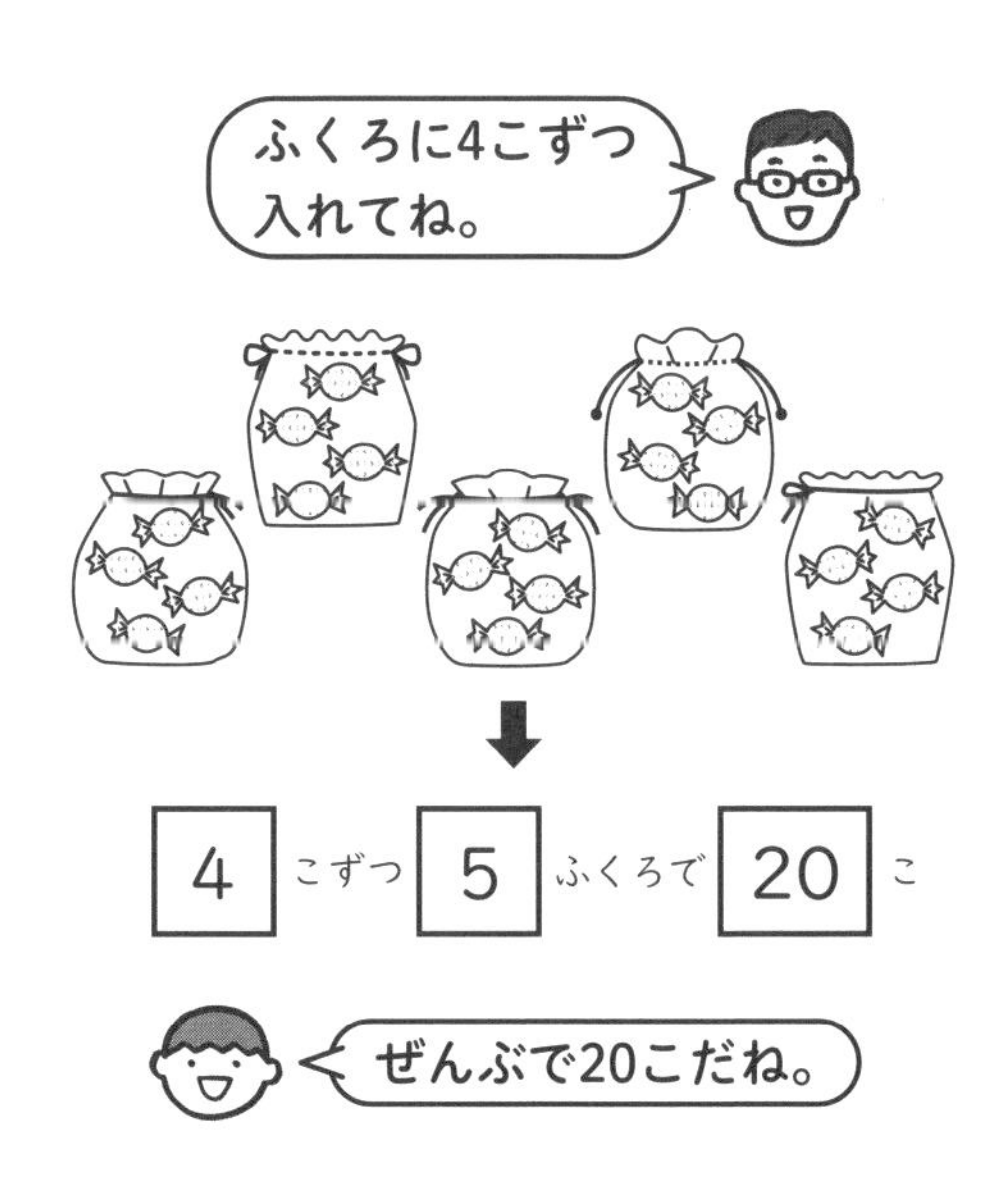

POINT

「九九を覚えること」と「かけ算を理解すること」は同時に求めず、子どもが得意なほう（少しがんばればできそうなほう）から取り組みましょう。九九を覚えることが得意な子は9の段まで覚えてから、「意味」をていねいに教えます。「覚えること」に時間がかかる子には、歌で覚えたり、九九の表や九九カードなどをそばに置いて、いつでも確かめられるようにしたりするなど、子どもに合った方法で練習していきましょう。

学び

11

かけ算の筆算

親の視点

かけ算の筆算に苦戦しています。何をどこにかけてよいのか、何をどこに書いたらよいのかがわからなくなり、位がずれてしまったりして正確な答えにたどりつけません。

子の視点

あれあれ？　何をどこにかけていたっけ？　かけ算なのに、たし算も使うの？　それなら「＋」の記号も書いておいてくれたらいいのに。

学びの手立て

手順の多いかけ算の筆算は、まず横の式（○×○）と縦の式（筆算）に表し、何と何をかけるのかを確認しましょう。九九がすっと出てこない場合には、思い出すことが負担にならないよう、九九の表をそばに置いておきましょう。次のような進め方でいっしょに取り組みましょう。

①2桁×1桁の計算→②2桁×2桁の計算→
③買い物をしたときのお金に置きかえて意味を確認する

使ってみたい教材・教具↓149ページ

STEP 1 2桁×1桁の計算

横の式（○×○）を縦の式（筆算）に書きかえます。まず、位ごとに区切りの線を入れたり、どの手順でどの計算をするのかがわかるように矢印や番号をつけたりします。くり上がりのない計算から練習しましょう。

横の式を筆算にする

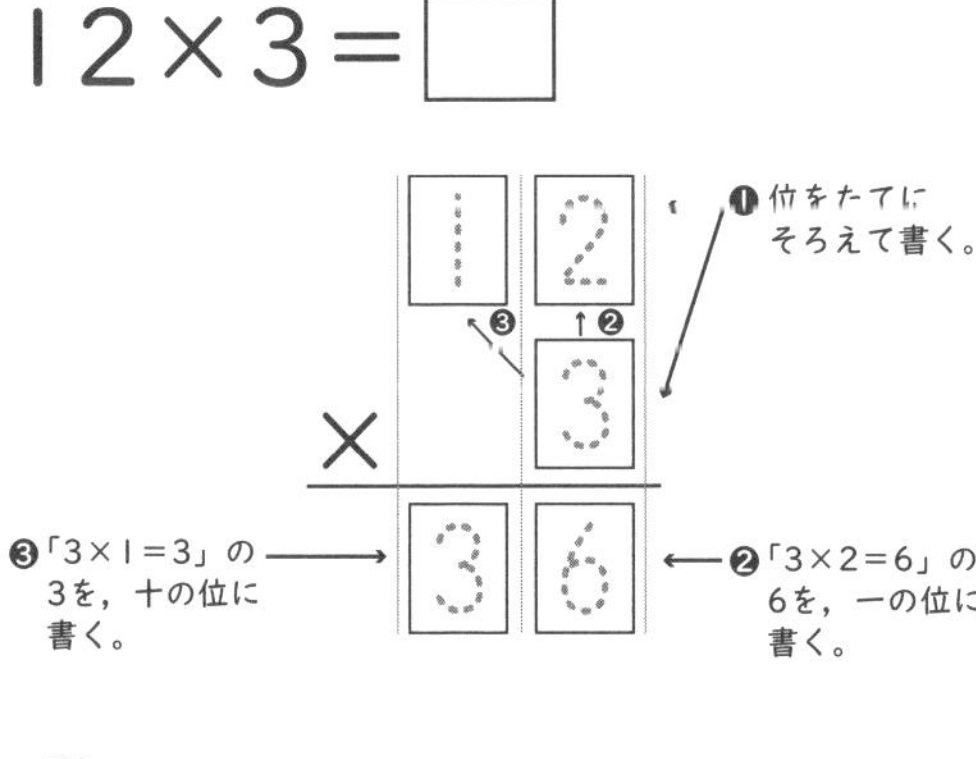

12×3＝□
❶位をたてにそろえて書く。
❷「3×2＝6」の6を，一の位に書く。
❸「3×1＝3」の3を，十の位に書く。

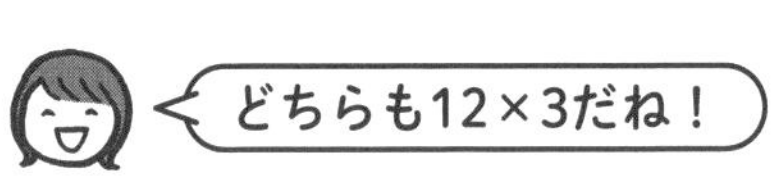

どちらも12×3だね！

STEP 2 2桁×2桁の計算

ステップ1と同様に、2桁どうしのかけ算の手順を示して練習します。くり上がりのない計算から、なぞり書きにする、枠の色を変えるなどして、わかりやすく手順を追っていけるようにサポートして練習しましょう。計算できたら、計算機で答え合わせをしましょう。

STEP 3 生活に置きかえて考える

スーパーのちらしなどを活用し「84円のシュークリームを6個買うといくらになるかな」などを計算しましょう。筆算したあとは、計算機で答えを確認します。「290円のハンバーガーを4人分」「35人のクラスが4クラス」など、生活に置きかえた計算問題をたくさんつくってみましょう。

筆算の手順を「見える化」

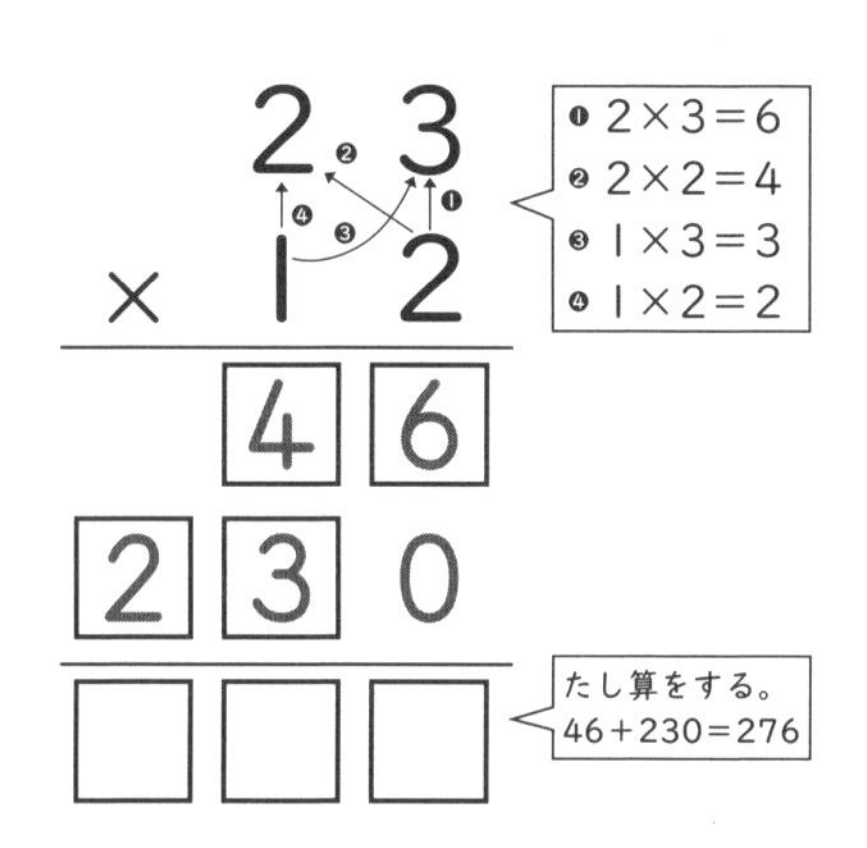

生活の中の計算

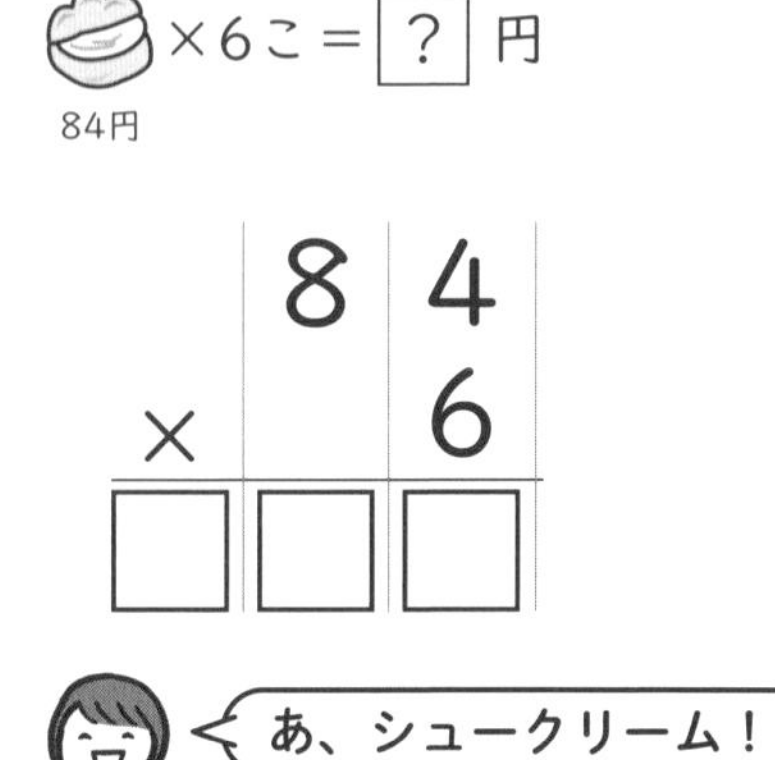

POINT

一つずつ順を追って進めていくことが苦手な子にとって、手順の多いかけ算の筆算はいらいらしたり雑になったりしがちです。計算の途中で、「そこまでは合っているからだいじょうぶ」「次はたし算だね」など、子どもが安心して進めることができるように声かけしたり、手順を書いて示したりして、正しい答えが求められるように誘導してあげましょう。

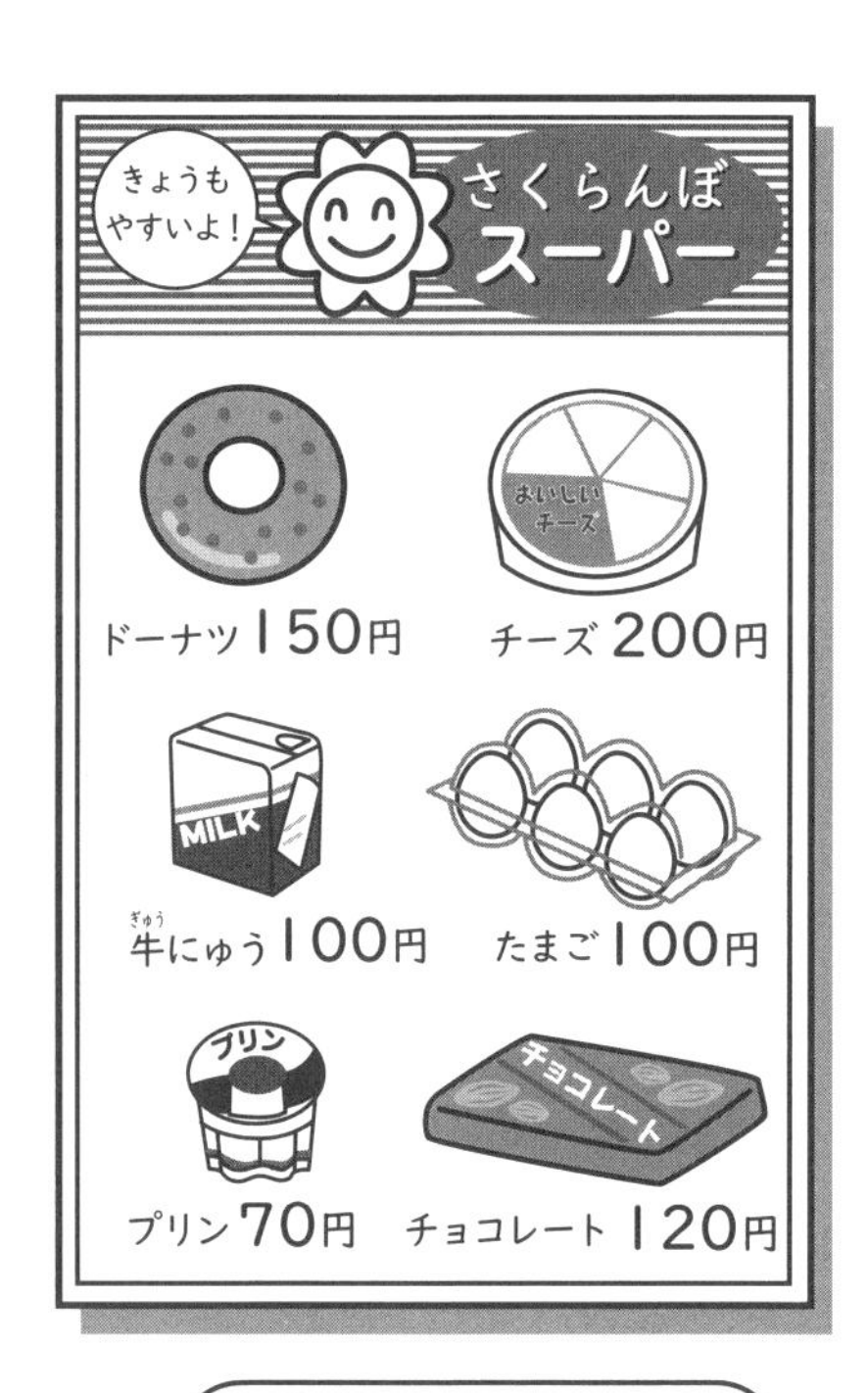

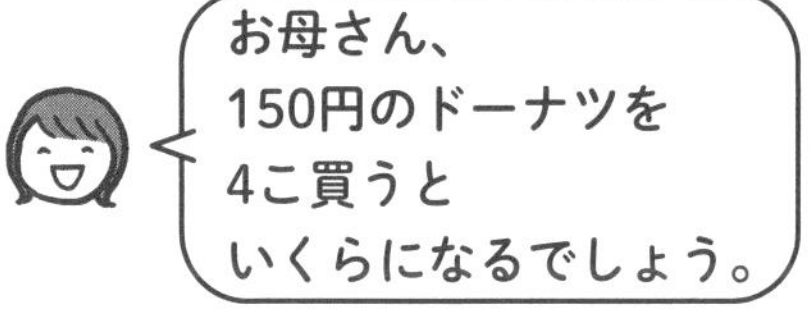

え〜と、
150×4かな？

ドーナツを家族4人分
買うと……600円！

学び
12
わり算の理解

親の視点

わり算が始まりましたが、九九を忘れているのか、とても時間がかかります。学校では「あまり」も出てきて、ついていくのがたいへんそうです。

子の視点

「わる」って何だっけ？「九九の表を見て」って言われるけど、どこを見たらわり算の答えがわかるのかな。

学びの手立て

わり算が「同じ数ずつ分ける」意味であるということを、具体物や絵を使った作業を通して確認し、わり算をイメージできるようにします。また、九九の表を活用して、わり算ができるよう練習します。「あまり」の意味も「見える化」しながらヒントを多めにして進めましょう。

使ってみたい教材・教具↓149ページ

STEP 1 わり算をイメージする

マグネットなどの具体物を使ったり絵や図を手がかりにしたりして、「8本の鉛筆を4人で同じ数ずつ分ける」を具体的にイメージできるようにします。「1人分は2本ずつになるね」と、「わり算」の意味につなげましょう。「12個の○○を3個ずつふくろに入れる」など、身近な例を使っていろいろなパターンで練習します。

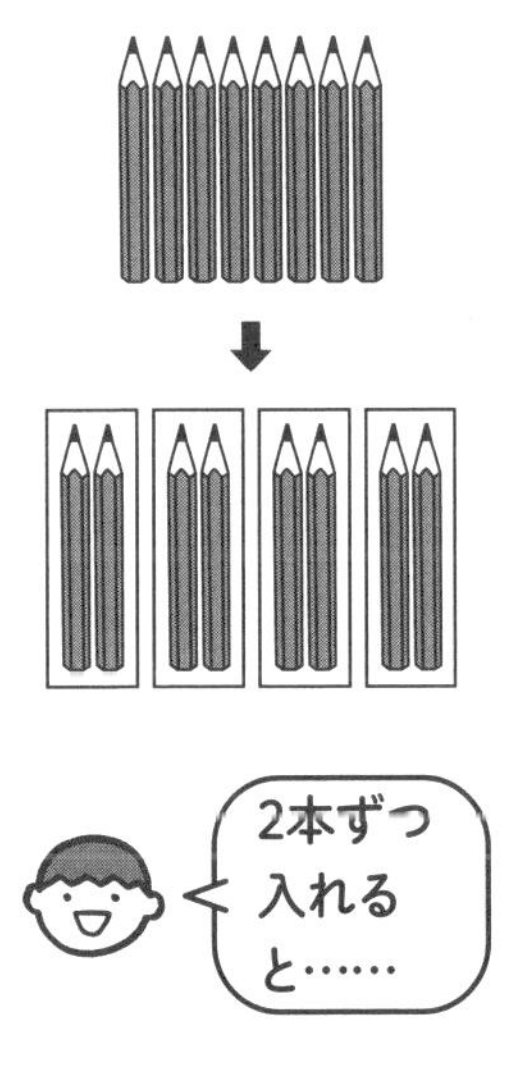

STEP 2 九九を利用する

九九の表と同じようにわり算の表をつくって、すぐ見えるところに貼りましょう。「2でわるときは、九九の2の段を使って考える」のように、表を手がかりにします。九九を利用したわり算の計算にも、苦手意識をもたずに取り組めるようにしましょう。九九と同様に声に出して唱え、少しずつ確実にしていきましょう。

STEP 3 「あまり」を理解する

わり切れない場合を、具体物と九九の表（わり算の表）で確認し、「あまり」の理解につなげましょう。絵や図を手がかりにして、「18個のりんごを4個ずつふくろに入れると…」のように、具体的にイメージできるようにします。「4ふくろできて、あまりは2

わり算の表をつくる

オモテ	ウラ
2×1＝ 2	2÷2＝ □
2×2＝ 4	4÷2＝ □
2×3＝ 6	6÷2＝ □
2×4＝ 8	8÷2＝ □
2×5＝ 10	10÷2＝ □
2×6＝ 12	12÷2＝ □
2×7＝ 14	14÷2＝ □
2×8＝ 16	16÷2＝ □
2×9＝ 18	18÷2＝ □

個になるね」と理解できるようにしましょう。

STEP 4 生活と結びつける

「16個のあめを3人で同じ数ずつ分けるとしたら……」など、おかしと紙皿などを使って、式と意味を結びつける機会をつくりましょう。

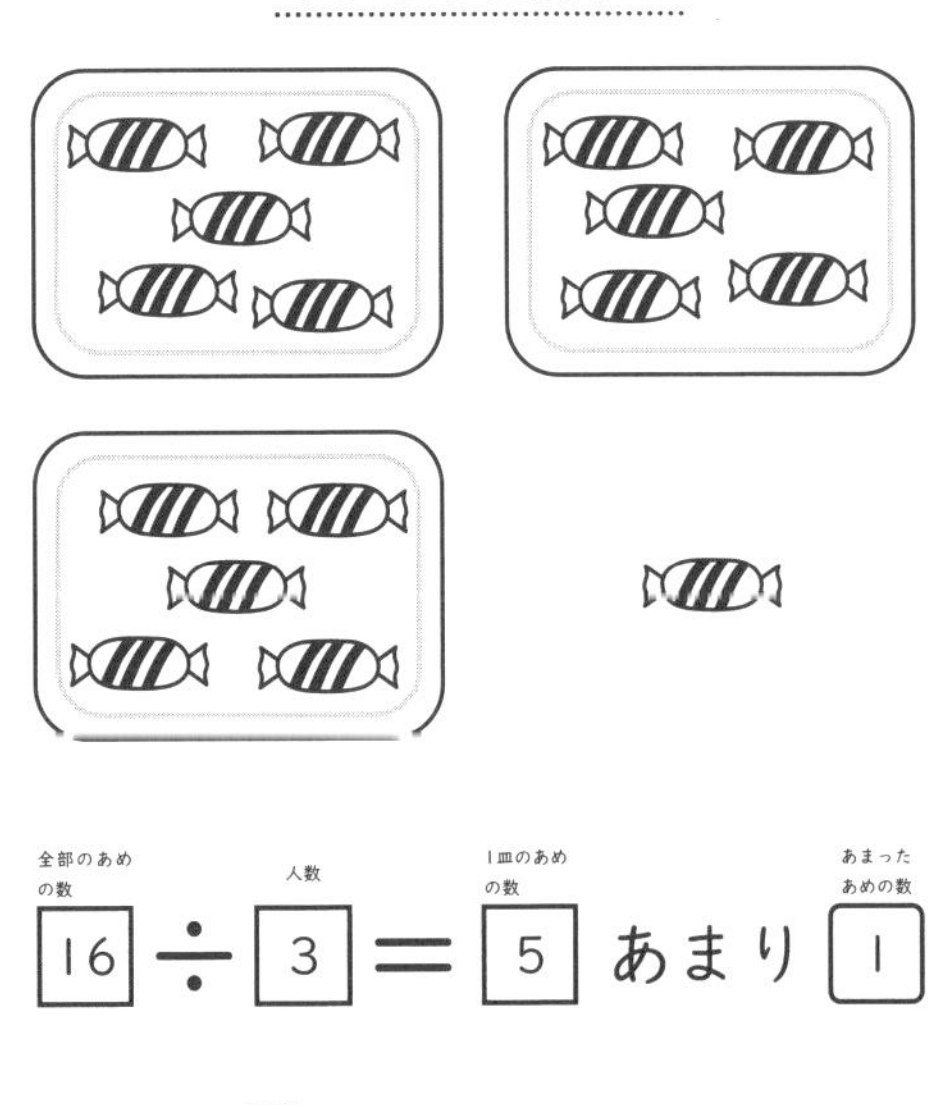

POINT

「たし算」「ひき算」「かけ算」「わり算」の「四則の計算」は、生活の中のさまざまな場面で活用できる計算です。「3年生までに身につけなくては」と学校のペースにだけ合わせるのではなく、「大人になって使えるように」という感覚で、その子に合わせてゆっくり習得していきましょう。手がかりとなる九九の表やわり算の表は、いつでも見直すことができるよう、クリアファイルなどに入れておくとよいですね。

学び

13

わり算の筆算

親の視点

わり算の筆算になると、商の見当をつけることが難しいようで、最初からつまずいてしまいます。また、わり算の筆算の形にとまどってしまい、計算の手順を理解できないようです。

子の視点

こんな形、はじめて見たよ。これって何算なの？「30の中に5がいくつある？」と聞かれても、想像もつかないから適当に答えておこう。

学びの手立て

わり算の筆算は独特の形です。横の式（○÷○）を「筆算」にするところからていねいに練習していきましょう。商の見当をつけることは、数のイメージがじゅうぶんでない子にとっては時間がかかるところです。選択肢を示したり、ヒントを多めに出したりしながら練習し、少しずつ子どもが自分でできる部分を増やしていきましょう。

使ってみたい教材・教具↓149ページ

STEP 1 2桁÷1桁の筆算

「24÷6＝4」など、九九の表を見てすらすら答えられるようなわり算から、筆算の形にして書いてみます。横の式のわり算も、縦の筆算もどちらも同じ計算であることが理解できるようにし、慣れたら「あまり」のあるわり算の筆算にもチャレンジして、わり算の「筆算」の形に慣れるようにします。

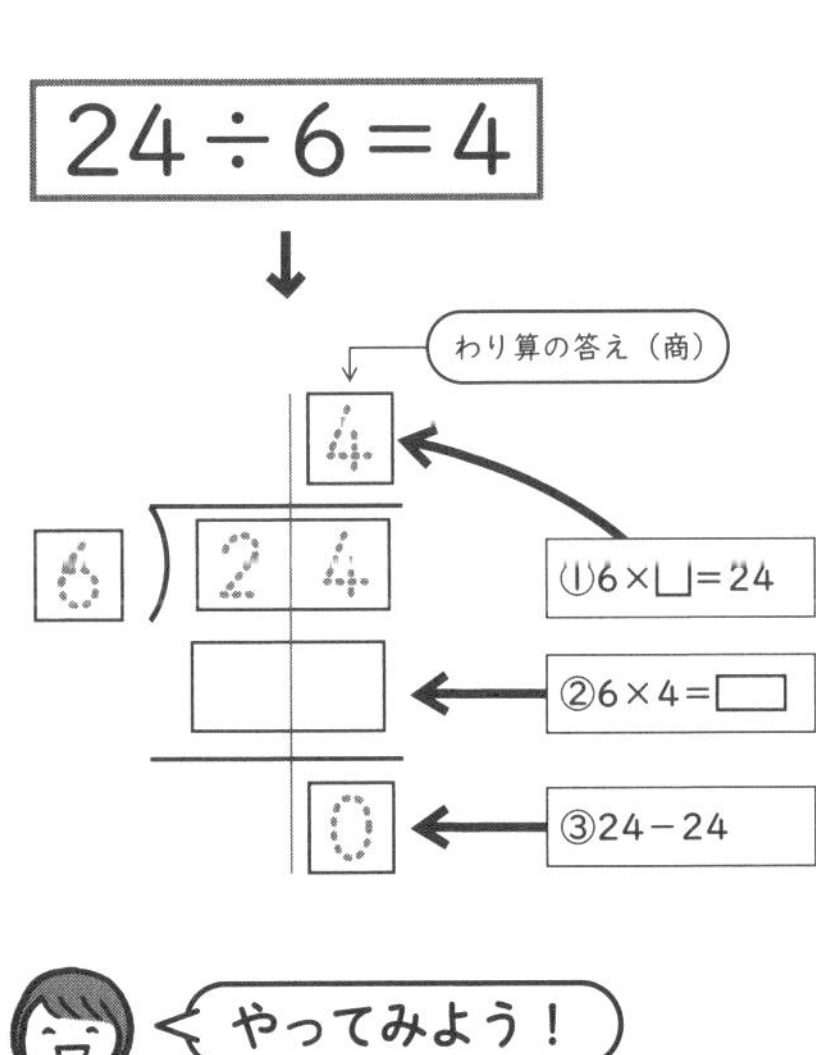

STEP 2 商が2桁になる筆算

かけ算の筆算と同様に、わり算の筆算の手順を「見える化」して、子どもが一人で進めていけるような番号や枠を入れて練習しましょう。2桁でわるわり算になるとさらに商の見当をつけることが難しくなりますが、「2か3のどちらかでやってみて」のようにヒントを多めにしたり、最初に計算機で答えを確認してから、筆算で正しい答えを出せるかどうか確かめたりしてもよいでしょう。

手順を「見える化」

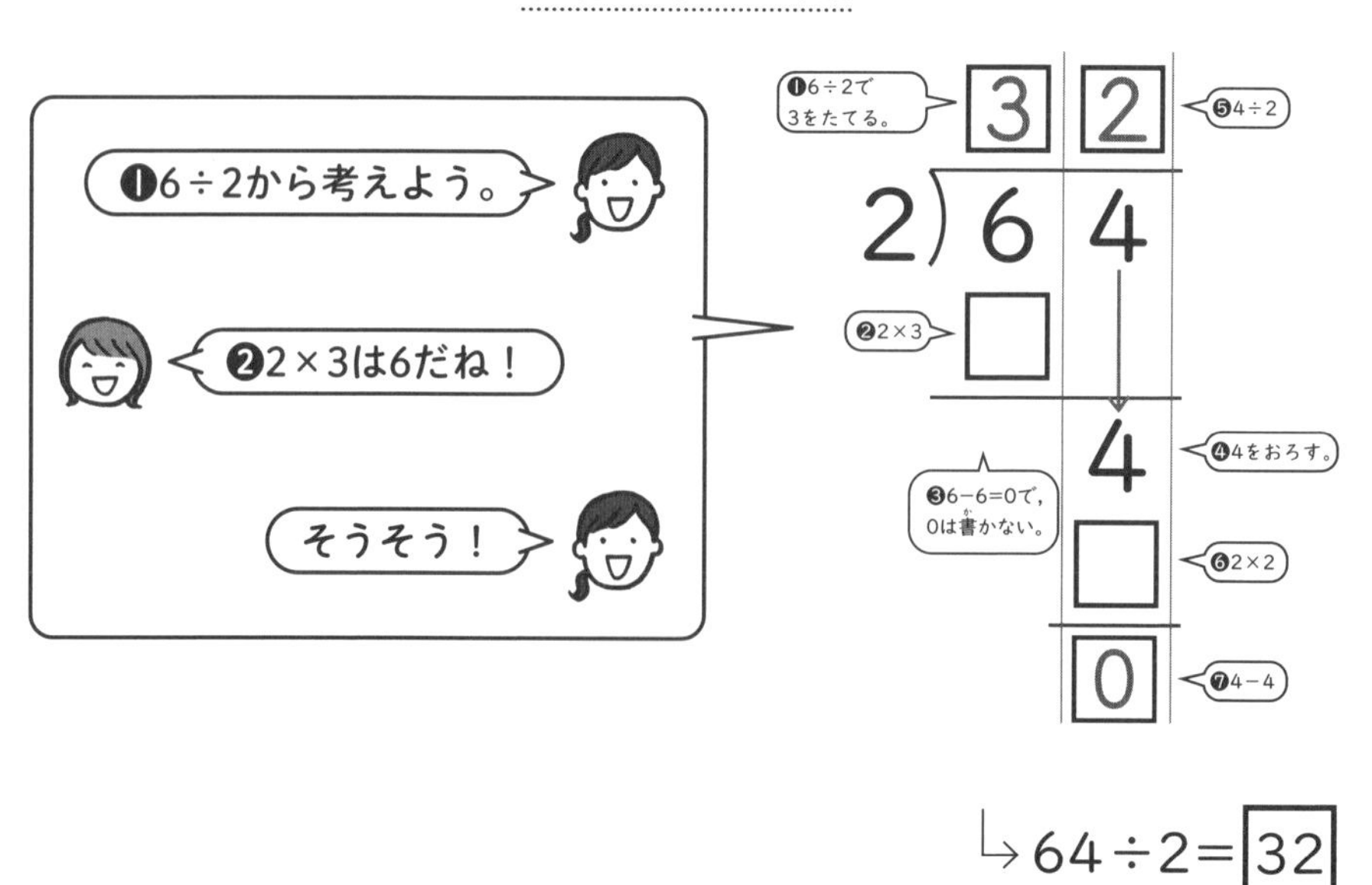

STEP 3 生活の中で考える

「500円を2人で等しく分けたらいくらになると思う？」「次は、500円を3人で等しく分けよう。今度はあまりが出るよ」など身近なことに置きかえます。わり算の筆算ができると「大きな数の計算ができて便利！」ということを、子どもが感じられるようにします。

商の見立て

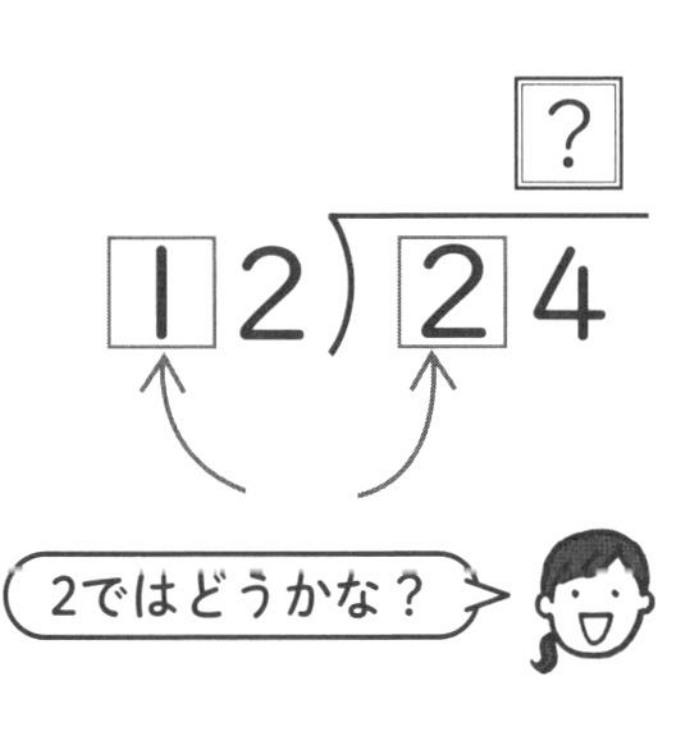

POINT

複雑なわり算は、商だけを先に示してあげたり、途中をなぞり書きにしたりなど、たくさん支援をしながら練習しましょう。最初にいっしょに計算した筆算とまったく同じ筆算を、次は子どもが自分でやってみるなど、子どもが安心して取り組める方法は、たくさんあります。また、答えが出たあとで「〇÷〇＝〇あまり〇」を声に出して言うようにして、わり算の感覚がつかめるようにしましょう。

学び

14

文章題（たし算・ひき算）

親の視点

たし算、ひき算の計算はできるのですが、文章題になると式を立てることができずに、小さい数から大きい数をひこうとしたりします。

子の視点

なんで算数なのに文章を読まなくちゃいけないの？　読むだけでもつかれる。数字だけ見て、たし算やひき算を順番にやっておけばいいのかな。

学びの手立て

「文章題」は、たし算・ひき算の計算力と、言葉や文章を理解する力の、両方の力が必要になります。どちらかが苦手な子は、立式から計算のどこかの過程でミスが出やすくなります。文章題を読み取る→式を立てる→計算をする→助数詞を入れて答えを書く、というプロセスを「見える化」し、いっしょに進めていきましょう。

使ってみたい教材・教具→148ページ

STEP 1　必要な情報を読み取る

国語の短い文章を読み取ることと同様に、立式に必要な情報を読み取ることから始めます。「何がいくつあるか」（わかっている数）、「何を求めたらよいか」（聞かれていること）を読み取りましょう。大事な箇所に蛍光ペンで色をつけるなどして、「どこに注目したらよいか」をわかりやすくします。

例 （文章題）「白い犬が2ひき、黒い犬が3びきいます。ぜんぶで何びきですか。」

犬を絵にかいて「見える化」し、全体を囲むことで「ぜんぶで」を目で見てとらえられるようにします。

STEP 2 「たし算」「ひき算」の判断

文章からわかることを絵や図などに表して、何算をすればよいかをいっしょに考えます。「あわせて・ぜんぶで・のこり」などの言葉で、たし算かひき算かが判断できる簡単な文章題から練習しましょう。

例（文章題）「あめが5こあります。2こ食べました。のこりは何こですか。」

あめを絵にかいて、食べた分だけ斜線を引き、のこりのあめを囲んで、「のこり」を「見える化」します。

STEP 3 複雑な文章題

「ちがいはいくつ」「どちらがいくつ多いでしょう」など、少し複雑な文章題も、「聞かれていることは何か」「何算をしたらよいか」を、いっしょに考えて進めます。

何算をするかの判断する

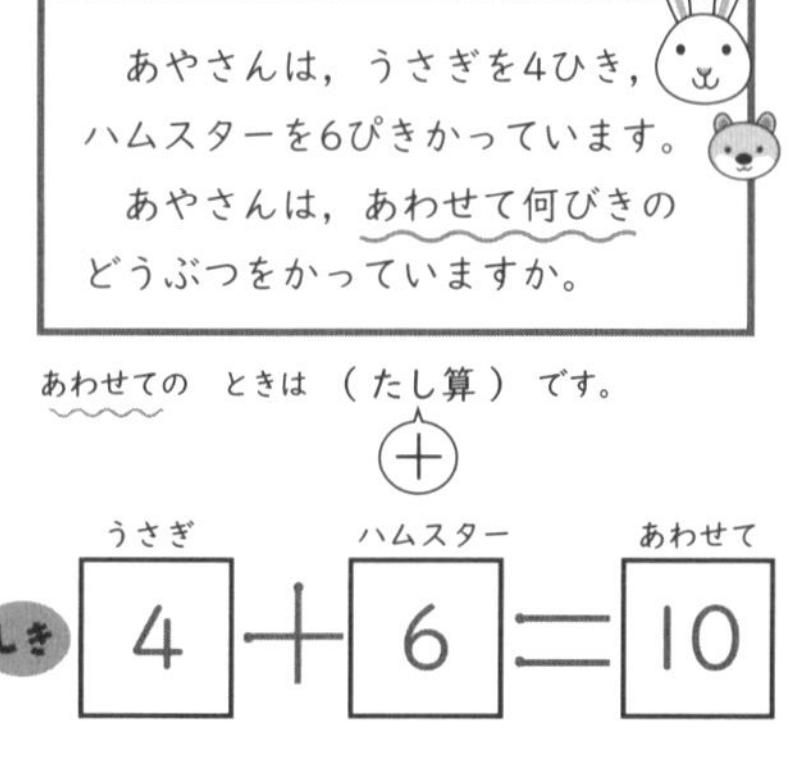

STEP 4 問題をつくる

子どもの好きなキャラクターや食べ物、子ども自身や友だちを問題に登場させるなどの楽しい文章題をつくって、親子で問題を出し合ってみましょう。

問題をつくる

ぼくは、アイスクリームを6こ買って、お父さんに2こあげました。のこりはいくつ？

お父さんが2こもらったから6－2で、4！

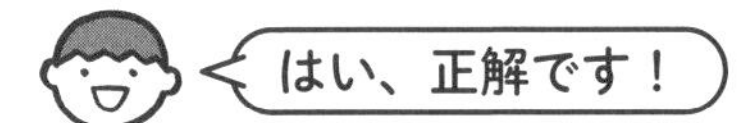

POINT

文章題を解くには、国語の「言葉や文章を理解する力」が必要です。まず「読み取る」ところから、子どもにわかりやすく「見える化」したり、「通訳」したりしてあげましょう。絵や具体物を用いることも有効です。いろいろなパターンの文章題に慣れることで、「あわせて」「のこり」が「こういう意味か！」と気づけるようになります。

学び

15 文章題（かけ算・わり算）

親の視点

かけ算・わり算の文章題が苦手です。文章がよく読めなかったり、問題の場面の理解が難しかったりするようです。いつも「何算？」と聞いてきます。

子の視点

「みかんが3こずつ入ったふくろが5ふくろあります。みかんはぜんぶでいくつですか」、「ぜんぶ」だからたし算でいいんだよね？

学びの手立て

かけ算・わり算の文章題は、たし算・ひき算よりもさらに実際の場面をイメージしにくくなります。文章題を読み取る↓式を立てる↓計算をする↓助数詞を入れて答えを書く、というプロセスを「見える化」し、いっしょに進めるという手順は、たし算・ひき算と同様です。九九の範囲で計算できる問題から練習しましょう。

使ってみたい教材・教具↓149ページ

STEP 1 必要な情報を読み取る

立式に必要な情報を読み取ることから始めます。「何が何個あるのか」(わかっている数)、「何を求めたらよいか」(聞かれていること)を読み取りましょう。大事な箇所に蛍光ペンで色をつけるなどして「どこに注目したらよいか」をわかりやすくします。

例 (文章題)「あめが12こあります。4人で同じ数ずつ分けると、1人分は何こですか。」

・あめ↓「12こ」　・分ける人数↓「4人」

・聞かれていること↓「1人分は何こ」

・式の判断↓「同じ数ずつ分ける」↓「わり算」

STEP 2 「かけ算」「わり算」の判断

文章からわかることを絵などに表して、何算で求めるのかをいっしょに考えます。同じ数ずつ複数あるのか、同じ数ずつ分けるのか、具体物や絵で確認して、「何に何をかけるか」「何を何でわるのか」を考えます。

STEP 3 複雑な文章題

似たような文章題でも、求める数量によって「かけ算」「わり算」のどちらを使うかをいっしょに考えます。いろいろなパターンで考えてみましょう。具体物でも確かめます。

何算で求めるのか考える

ゆみさんとお兄さんは，お母さんからおこづかいを500円もらいました。
ゆみさんとお兄さんで半分に分けると，1人分は何円になりますか。

わられる数		わる数		答え
500	÷	2	＝	250

2人で分けるから÷2だね。

花びんが3こあります。
花を2本ずつさします。
花はぜんぶで何本いりますか。

花の数		花びんの数		全部の花の数
2	×	3	＝	6

STEP 4 問題をつくる

＋・−・×・÷を自由に使って、子どもの好きなキャラクターや食べ物、子ども自身や友だちを問題に登場させるなどの楽しい文章題をつくって、親子で問題を出し合ってみましょう。

また、「12×7になる文章題をつくってみよう」などのパターンでも考えてみることで理解が深まります。

問題をつくる

ゆうくんが、1こ30円のチョコレートを5こ買うといくらになりますか？

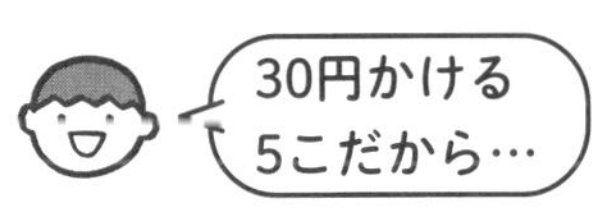

そうそう！

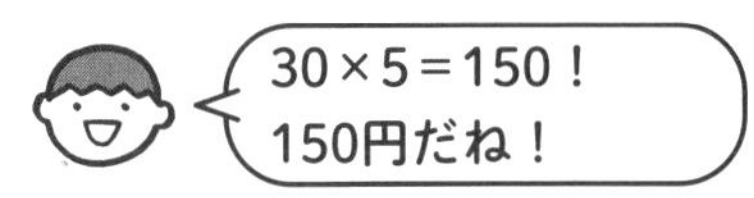

POINT

複雑な文章題ほどサポートを多くして、必要な情報を整理して内容を「見える化」、蛍光ペンなどでマークして言葉の意味を「通訳」してあげましょう。文字を大きく読みやすくするなどして「読み」の負担を少なくしたり、計算機を活用して計算の負担を減らしたりしてもよいでしょう。実際の生活の場面で少しずつ応用できるようにしていきましょう。

学び

16

小数の読み書きと理解

親の視点

小数を習いはじめましたが「1より小さい数」「1を10に分けた1つ分が0.1」の意味がピンとこないようです。

子の視点

1より小さい数は0じゃないの？　小数の「.」（てん）は、文章の中の「、」（てん）とどうちがうの？

「はじめてのこと」が苦手な子にとっては、「小数」という新しい数を理解するのにも時間がかかります。「1を10に分けた1つ分（0.1）」の基本をゆっくり、かつ、いろいろなパターンで教えてあげましょう。

使ってみたい教材・教具↓153ページ

STEP 1 小数の読み書き

小数点のつく「小数」という数をよく見て、読んだり書いたりできるようにします。「0.1」を「れいてんいち」と読むことを目で見て確かめながら、読む・書く練習をします。書くことに負担がある場合は、なぞり書きにしてあげましょう。

STEP 2 小数の意味

図や数直線などを使って、「1を10に分けた1つ分」が「0.1」であることを「見える化」します。「0.1が10個集まると1」であり、「0.1の2個分が0.2である」ことなどを、順に押さえていきましょう。

まず小数第一位について理解できるようにします。全体を1として10等分し、次のように確認・

質問しましょう。

・1の中に0.1が10個あるね。
・0.1が10個集まると、1になるね。
・それでは、0.1が2個だといくつ？（0.2）
・0.1が3個だといくつ？（0.3）
・0.1が10個でいくつ？（1.0つまり「1」）

STEP 3 図に表す

STEP2の反対のパターンで、小数を図に表す練習をします。「1」を10個に分けた図をいっしょに見て、「0.8は0.1の8個分」「0.5は0.1の5個分で、ちょうど1の半分になるね」など、子どもに色をぬってもらいながら確かめましょう。

0.8

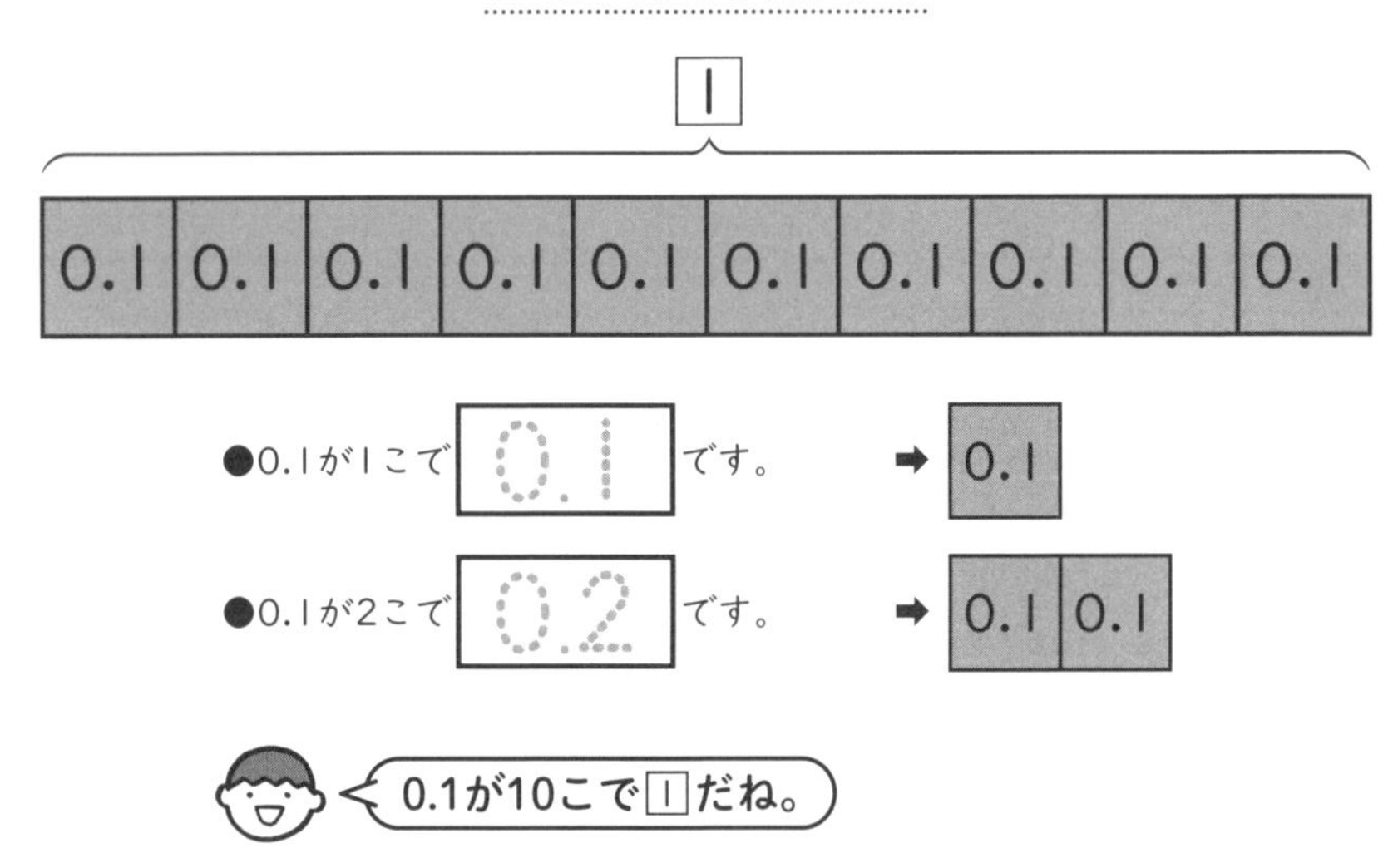

STEP 4 生活の中の小数

生活の中でいろいろな小数を探して、読んだり書いたりしてみましょう。

・身長は？
・体重は？
・今日の体温は？
・くつのサイズは？

生活の中の小数を探す

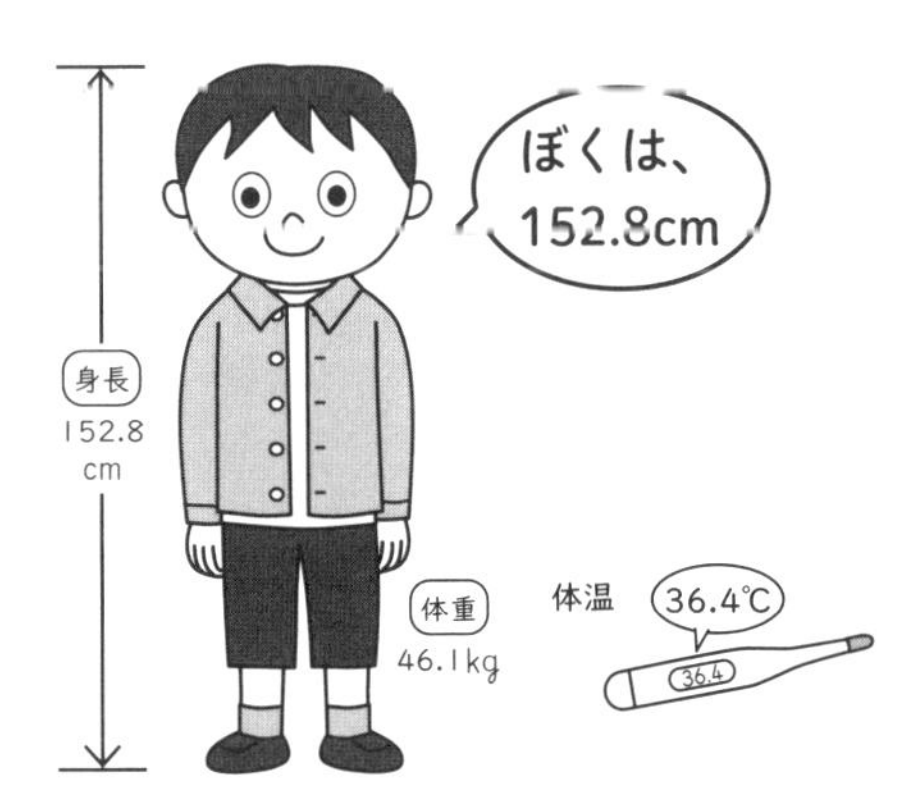

POINT

定規で「1㎝の中に1㎜（0.1㎝）が10こある」ことを見せて、「1」と「0.1」の関係から小数をイメージすることに時間をかけます。小数という新しい数に慣れ、身長や体重など私たちの生活の中にも小数がたくさんあることに気づくようにします。

学び 17 小数の大小と計算（たし算・ひき算）

親の視点

小数の計算が苦手で、位をそろえて書かずに計算してしまうミスが目立ちます。また、計算ができても答えに小数点を打つことを忘れがちです。

子の視点

2.3と3.2、あれあれ？　どっちが大きいんだっけ？「位をそろえて書きなさい」って言うけど、位ってなんのこと？

学びの手立て

「小数」という新しい数の計算も、基本は、それまでのたし算・ひき算と同じです。小数点に注目して読み、位をそろえて計算してみましょう。

使ってみたい教材・教具↓153ページ

STEP 1 小数の大きさ比べ

小数を数直線で表し、大きさを比べながら、たし算やひき算に応用できるようにします。まず、0から1まで「0.1　0.2　……」と順に数直線を指して読みます。「0.1より0.1大きいのは↓0.2」「0.2より0.1大きいのは↓0.3」など「言語化」「見える化」して理解できているかを確かめましょう。

① 1より小さい小数の大きさ比べ
「0.1より0.2大きいのは↓0.3」など数直線上で確かめます。数直線上の1↓0に向かって「1より0.3小さいのは↓0.7」なども確かめ、数直線上で右にいくほど大きくなり、左にいくほど小さくなることを理解できるようにします。

② 1より大きい小数の大きさ比べ

「『1.2』と『2.1』ではどちらが大きい？」のようなときには、「一の位」の数を比べます。

「『0.1』と『0.9』ではどちらが大きい？」のようなときは、一の位の数が同じなので、小数第一位の数を比べます。また、数直線上でも確かめましょう。

STEP 2 小数のたし算・ひき算

「位をそろえること」「答えに小数点を打ち忘れないこと」に気をつければ、あとは整数のたし算・ひき算と同じように計算できます。どこに小数点を打ったらいいかに気をつけて練習しましょう。

大きさを比べる

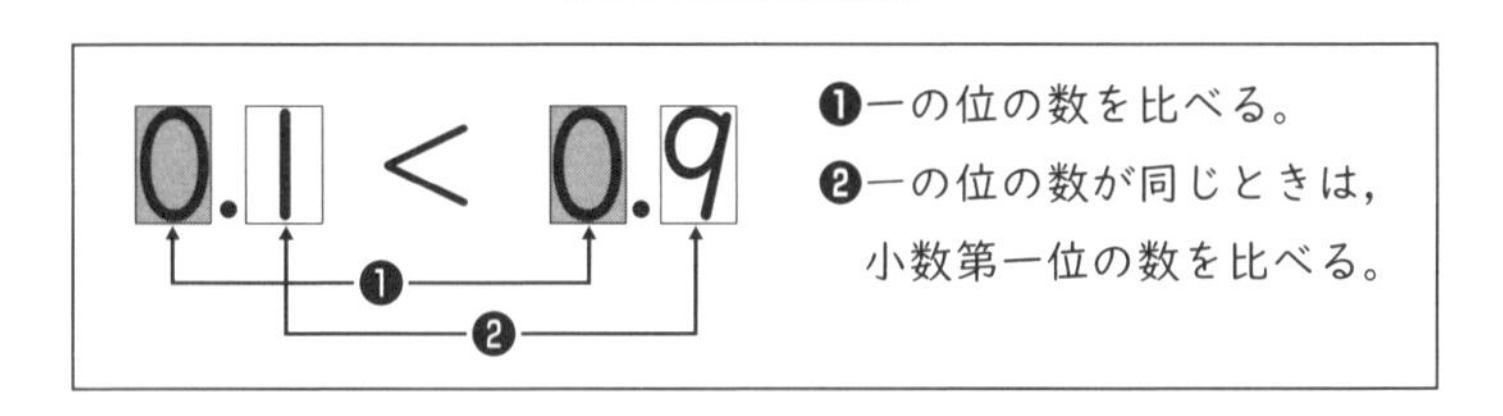

数直線で比べる。

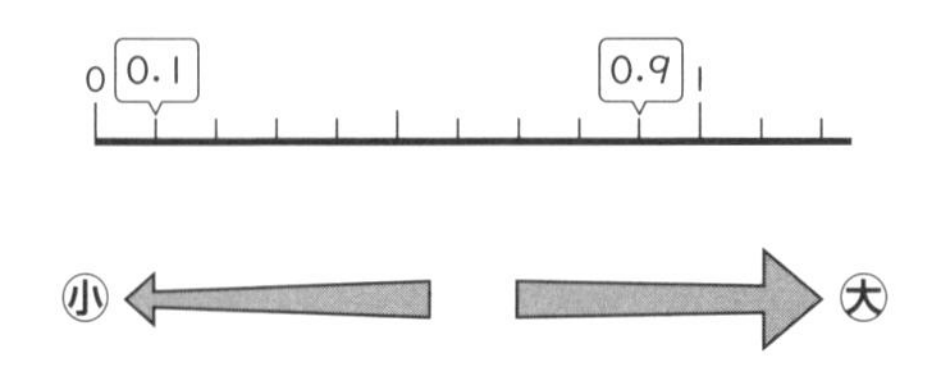

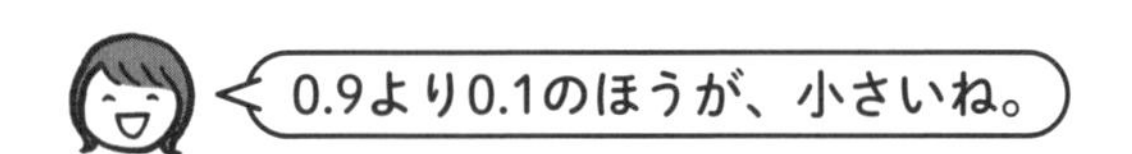

STEP 3 問題をつくる

子どもの好きなものや生活の場面から楽しい問題をつくって、親子で問題を出し合ってみましょう。

例 144.1cmだった身長が、2.8cmのびました。身長は何cmになりましたか。

問題をつくる

ジュースが1.5Lあります。0.2L飲むと、のこりは何L?

え〜と、ひき算だね。

そうそう！

1.5－0.2＝1.3だから、1.3L

すごい！

POINT

「23cmと23.5cmのくつはどちらが大きい？」など、ふだんの生活の中から小数を見つけて、文章題をたくさんつくってみましょう。計算は計算機も活用し、楽しく取り組めるようにします。

学び 18

分数の理解と読み書き

親の視点

分数を分子から読んでしまいます。「3つに分けた1つ分」という意味をどうやって教えたらわかるのかな?

子の視点

「$\frac{1}{5}$」は「いちぶんのご」だと思っていたよ。どうして下から読むのかな? 「分母から」って言われても、意味がわからないよ。

学びの手立て

「分数」を読んだり書いたりすることから始め、1を同じ大きさに分けることや、折り紙などを使って「半分こ」＝「$\frac{1}{2}$（半分）」などを理解できるようにします。ピザやケーキなどを等分して、分数の意味を楽しく覚えていきましょう。

使ってみたい教材・教具↓153ページ

STEP 1 分数の読み書き

分数の読み方・書き方を練習し、正しく読み書きできるようにします。まず分数には「分母」（お母さん）と「分子」（子ども）があり、下（分母）から読むこと、たとえば「$\frac{1}{5}$」なら「ごぶんのいち」と読むことを教えましょう。「$\frac{1}{2}$」「$\frac{1}{3}$」など簡単な分数から、「見て読む」、「聞いて書く」ことが確実にできるようにしましょう。書くことに負担がある場合には、なぞり書きにしてあげましょう。

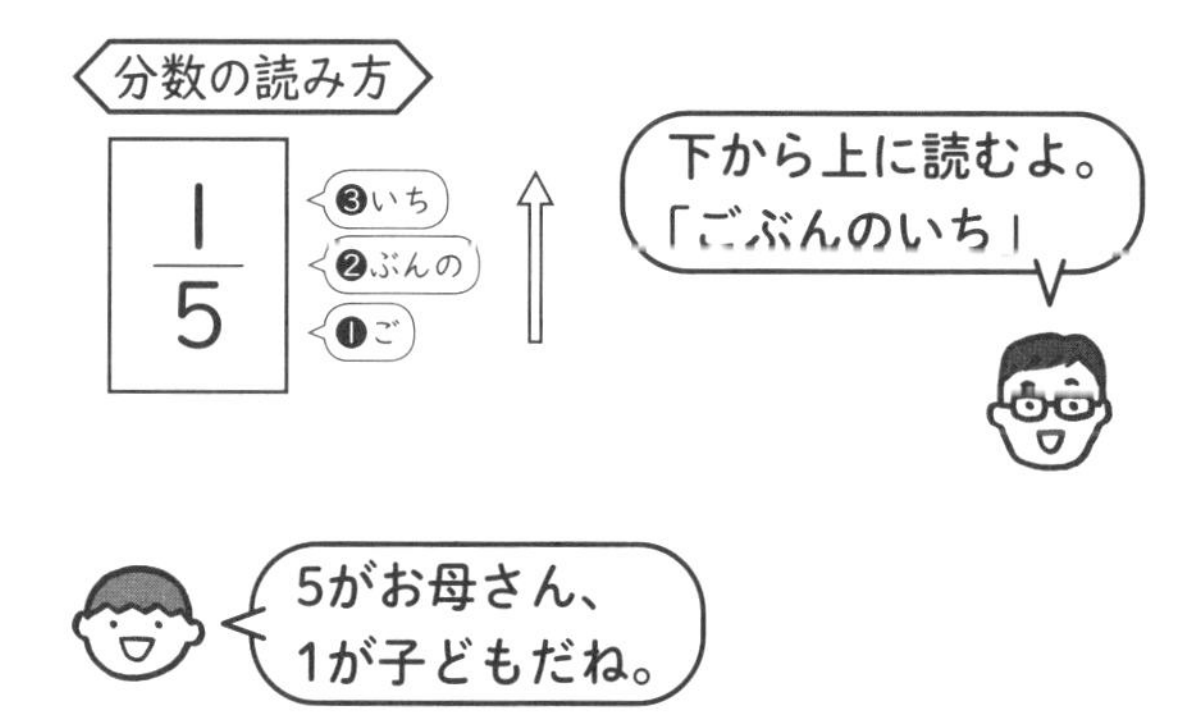

STEP 2 分数の意味

「2つに等しく分けた1つ分」＝「半分」＝「$\frac{1}{2}$」、「4つに等しく分けた1つ分」＝「$\frac{1}{4}$」など、折り紙やケーキなどを等分しながら、分数の意味の理解を深めるようにします。

- 分数の意味を絵で「見える化」する。
- 「$\frac{1}{3}$は、3つに等しく分けたうちの1つ分」のように「言語化」する。
- 折り紙やお菓子などを使って「生活化」して、「分数」と「実際のイメージ」をつなげていきます。

STEP 3 生活の中の分数

「クラスの30人のうち$\frac{1}{3}$が休んでいます」のように、身近な生活の中にある分数の考え方にふれながら、分数をイメージできるようにします。

分数を「見える化」する

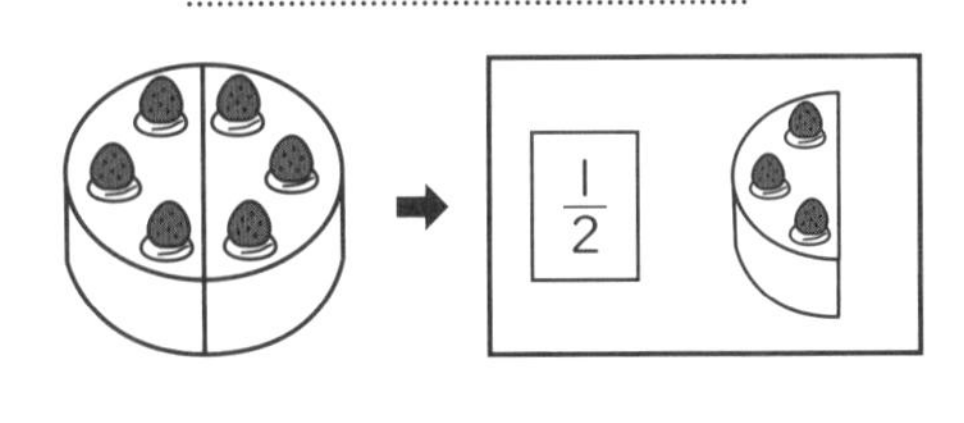

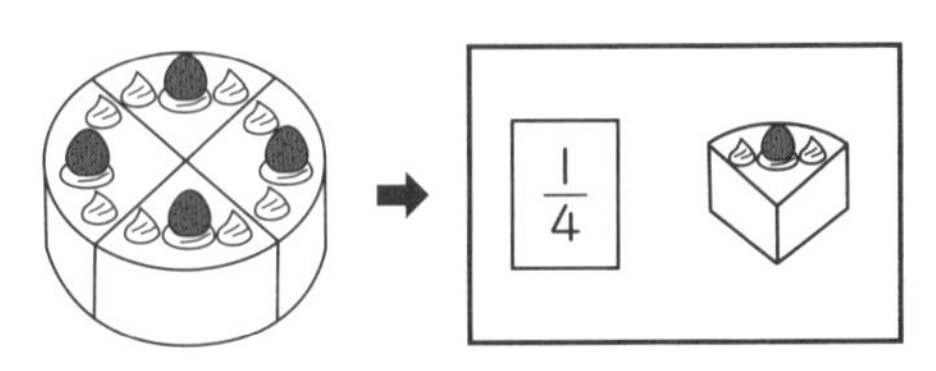

生活の中の分数

30人のクラスの半分は？

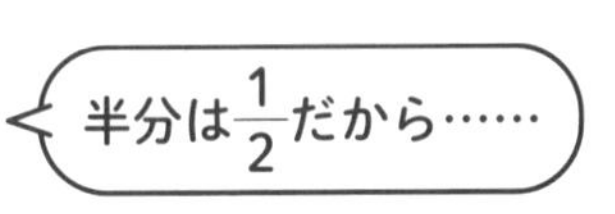

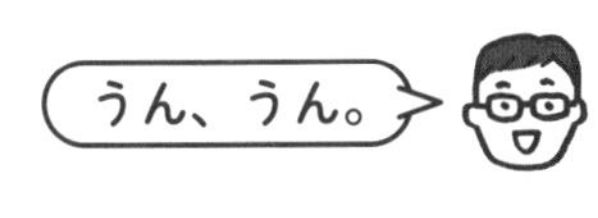

STEP 4 「$\frac{1}{10}$＝0.1」の理解

数直線を10等分して、$\frac{1}{10}$が10集まって1になっていることを確かめ、「0.1」と「$\frac{1}{10}$」が同じ大きさであることをとらえさせます。「0.1の3つ分は0.3、これを分数で表すと$\frac{3}{10}$」のように、「分数」は「小数」、「小数」も「分数」で表すことができることを理解できるようにします。

小数と分数で表す

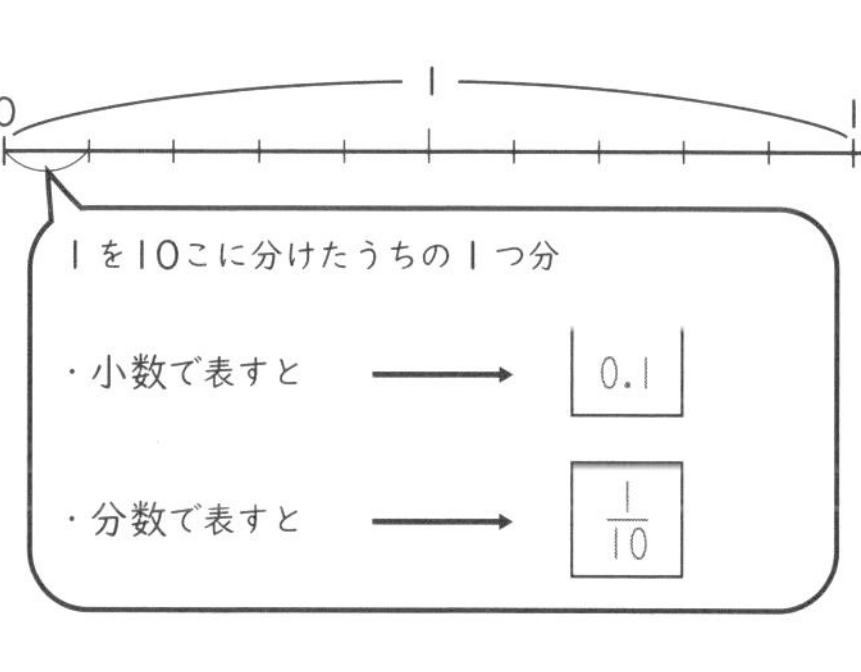

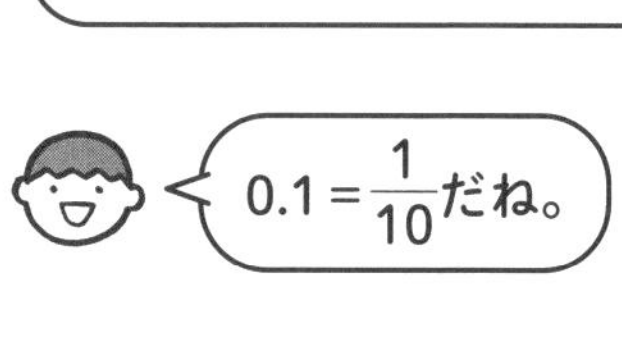

POINT

折り紙などを子どもといっしょに切ったり貼ったりしながら、分数の理解を確かめていきましょう。また、生活の中でも「食パンを$\frac{1}{2}$（半分）に切ってみて」「ドーナツを$\frac{1}{3}$にしてみよう」など、「分数」を話題にしてイメージを広げていきましょう。

学び

19

分数の大小と計算（たし算・ひき算）

親の視点

分数どうしの計算が苦手で、たし算だと分母と分子の両方をたしてしまいます。分母はそのままにして分子どうしをたすように言っても、自分勝手に計算してしまいます。

子の視点

たし算だから、上（分子）も下（分母）もたしたんだけど。それじゃだめなの？「分母はそのまま」って、なぜ？

学びの手立て

分数の大きさを比べることから始め、分数のたし算・ひき算につなげていきましょう。分母が同じ分数のたし算・ひき算を図や絵なども示しながら支援し、分母はそのままで分子だけをたしたりひいたりする方法を確かめます。

使ってみたい教材・教具↓153ページ

STEP 1 分数の大きさ比べ

8等分したピザの絵を示して、$\frac{1}{8}$と$\frac{3}{8}$とでは、どちらがたくさん食べられるかを聞きます。実際にりんごやピザなどを等分に切り分けて、イメージできるようにするとよいでしょう。

分数の大小

ピザを８等分しました。
$\frac{1}{8}$と$\frac{3}{8}$とでは，どちらが多いですか。

STEP 2 分母が同じ分数のたし算・ひき算

分母が同じ分数のたし算・ひき算を、分数の図を使って意味を理解できるようにします。分母はそのままで、分子だけ計算する手順を「見える化」し、練習します。

STEP 3 仮分数・帯分数の意味

図や数直線を使って、1より大きい分数を仮分数や帯分数で表し、それぞれの言葉とその意味や表し方を理解できるようにしましょう。また、仮分数と帯分数は、表し方が異なるだけで大きさは同じであることに気づくことが大切です。

STEP 4 問題をつくる

子どもの好きなものや生活の場面から楽しい問題をつくって、親子で問題を出し合ってみましょう。

数直線で仮分数と帯分数を表す

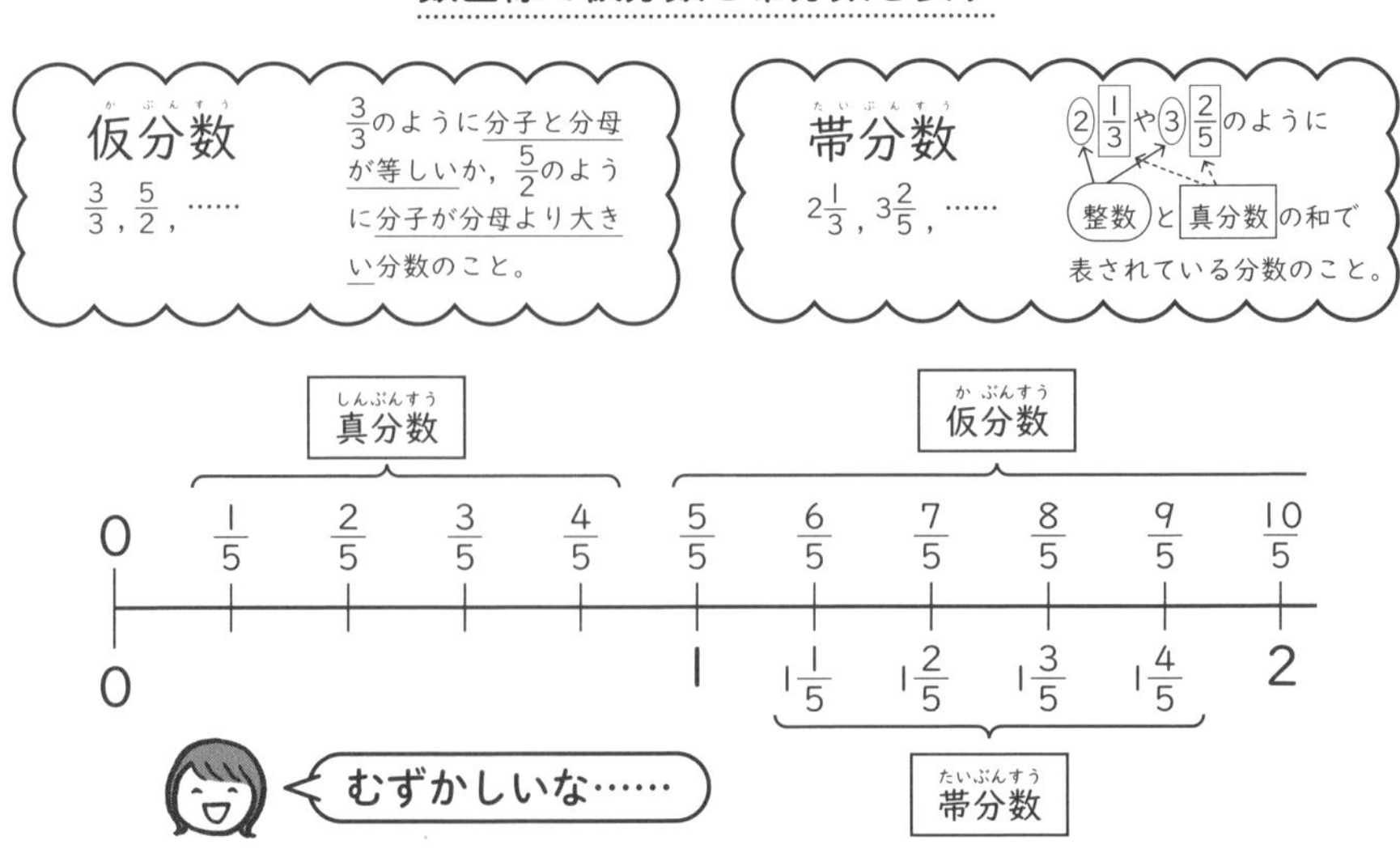

例「わたしは、ピザを全体の$\frac{3}{8}$、友だちは全体の$\frac{4}{8}$食べました。2人が食べた分は、全体のどれだけになりますか。」

文章を読んだだけでは、どうやって答えを求めればよいかがわからない子どもには、図にして、どう計算すればよいかを判断できるようにします。

問題をつくる

水が1Lあります。ひろゆきさんは，$\frac{1}{5}$Lを飲みました。残りは何Lですか。

$1L=\frac{5}{5}$Lだから？

$\frac{5}{5}-\frac{1}{5}=\frac{4}{5}$

POINT

分数は、基礎の考え方をしっかり理解しておくことが大事です。「学校では分数や小数のかけ算をやっているから」などとあせらず、子どもの理解に応じて分数の意味を確認し、たし算・ひき算からじっくり取り組んでいきましょう。

学び 20

図形を区別する

親の視点

三角形と四角形のちがいは何となくわかるようですが、それ以上の特徴を覚えることは難しいようです。「直角」などの言葉の理解もあいまいです。

子の視点

図形ってだいたいどれも同じように見えるけど、どこがちがうんだろう。図形に名前を書いておいてくれたらいいのに。

学びの手立て

「図形を見て形をとらえること」「図形の特徴をとらえること」「図形の名前を覚えること」などが苦手な子がいます。教科書や紙にかいてある図形からだけではイメージしにくいので、実際に見て、さわって、動かせるような図形モデルをつくってみるとよいでしょう。

・小学校2年生で習う図形：三角形（直角三角形）、四角形（長方形と正方形）
・小学校3年生で習う図形：円と球、二等辺三角形・正三角形

使ってみたい教材・教具↓150・152・153ページ

STEP 1 三角形と四角形

まず、三角形と四角形の図形の特徴をノートやカードに書き、いつでも確かめられるようにします。

・三角形：3本の直線で囲まれた形（辺が3つ、頂点が3つ）
・四角形：4本の直線で囲まれた形（辺が4つ、頂点が4つ）

そのうえで、いろいろな図形の中から三角形と四角形を区別することができるようにしましょう。

STEP 2 「図形」をつくる

厚紙などを使って、三角形や四角形などの図形をつくります。図形を、実際にさわったり、動かしたり、回転させたり、比べたりできるようにします。また、折り紙を4等分し、正方形や三角形をつくり、同じ大きさ・形からさらにいろいろな図形ができることも実際に体験をとおして理解できるようにします。正確な形でなくてもよいので、たくさんの図形をつくって切ったり貼ったりを楽しんでみましょう。

STEP 3 図形の一覧表をつくる

切り抜いた図形を使って、一覧表をつくってみましょう。それぞれの図形の「辺の数」「頂点の数」などを確かめて、図形ごとの特徴を「見える化」「言語化」します。表をいつも見える位置に貼ったり算数

図形の一覧表

	三角形のなかま		四角形のなかま		
形の名前	三角形	直角三角形	四角形	長方形	正方形
特ちょう	3本の直線でかこまれた形。	直角のかどがある三角形。	4本の直線でかこまれた形。	4つのかどがみんな直角の四角形。向かい合う辺の長さが同じ。	4つのかどがみんな直角で，4つの辺の長さがみんな同じ四角形。
辺の数	3	3	4	4	4
ちょう点の数	3	3	4	4	4
直角の数		1		4	4

のノートに貼ったりして、いつでも確かめられるようにしておきましょう。また、図形のカードをつくっていつでも持ち歩けるようにしておくとよいでしょう。

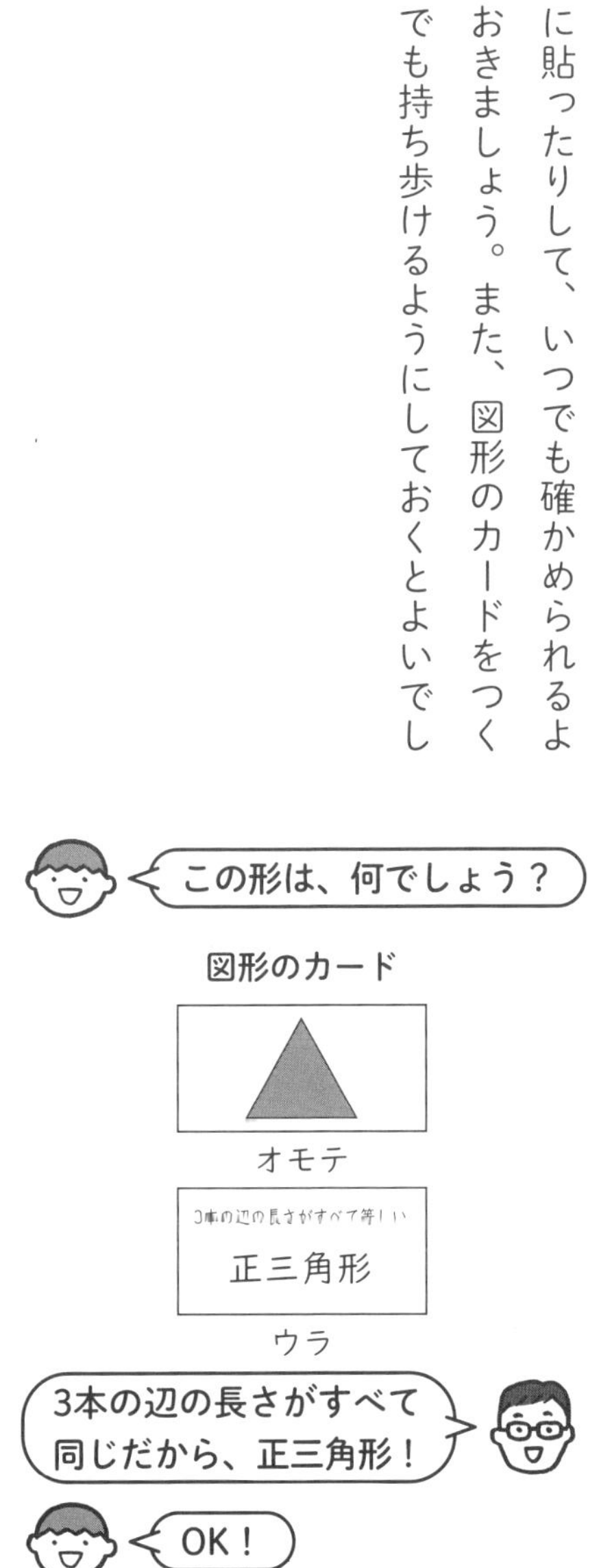

POINT

いろいろな図形の特徴を、楽しみながら覚えられるようにしていきましょう。市販のパズルや積み木なども活用して、形をとらえる遊びをゲーム感覚で取り入れてみるとよいですね。手先が器用でない子も「自分で操作できた」と思えるように、サポートを多めに練習しましょう。

学び 21

図形をかく

親の視点

手先を使う作業が苦手で、定規で線を引くのもとてもたいへんそうです。三角定規やコンパスなど、うまく使えるかしら……。

子の視点

定規で線を引こうとすると、定規がどんどんずれていくよ。定規を使わないほうがよっぽどじょうずにかける気がする。

学びの手立て

手先を使う細かい作業が苦手な子どもにとって、「定規を押さえながら、鉛筆で線を引く」という力の加減を要する二つの作業を同時に行うのはたいへんなことです。すべりにくい、手の大きさに合った定規を活用しながら、簡単に引ける線から練習して、コツをつかんでいきましょう。

・小学校2年生で習う図形：三角形（直角三角形）、四角形（長方形と正方形）
・小学校3年生で習う図形：円と球、二等辺三角形・正三角形

使ってみたい教材・教具↓150・151・152・153ページ

STEP 1 線や図形をかいてみる

まず、定規を使わずにまっすぐな線を引く練習から始めましょう。蛍光ペンなどで引いた直線をなぞる、始点から終点まで線を引く練習ができるようにします。次に、定規を使わずに図形をなぞりがきする練習をします。

STEP 2 定規で直線を引く

定規を使って線をなぞったり始点から終点まで線を引いたりします。定規を押さえることが難しくて動いてしまうようなら、「すべりにくい定規」を使ったり、マスキングテープなどを使って定規を動かないようにとめたりしてもよいでしょう。縦の線、横の線、斜めの線を引くコツをつかめるようにします。

STEP 3 三角形や四角形を定規でかく

蛍光ペンなどで引いた線や始点や終点を手がかりにして、三角形や四角形を定規でかいてみます。少しはみ出しても曲がっても大丈夫。ノートを大きく使って練習します。

STEP 4 三角定規でかく

三角定規で線をかく練習をしましょう。マスキン

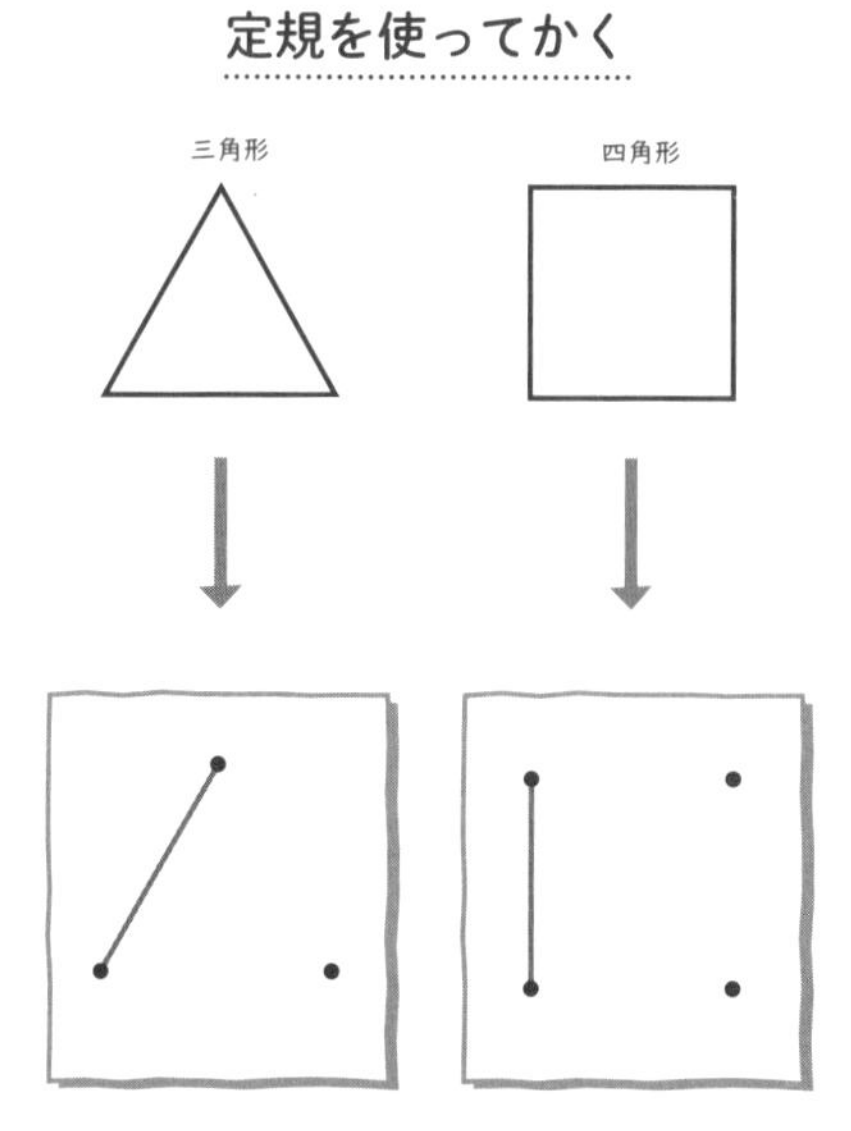

グテープなどを使って三角定規を動かないようにとめるなど、ずらさずにかく工夫をいっしょに考えてあげましょう。

STEP 5 図形をかいて切り取る

色紙の裏に三角形や四角形をかいて切り取ってみます。きれいな三角形ができたらノートに貼り、辺の長さを定規ではかってみてもよいでしょう。

POINT

定規を押さえること、鉛筆を持って線を引くこと、両方ともがんばろうとして必要以上に力が入っていないでしょうか。肩の力をぬいて、よい姿勢で手元がよく見えるようにして練習しましょう。ノートよりも画用紙など大きめの紙を使い、机の上にはほかのものを置かないようにして、かきやすい環境をつくってあげましょう。また、図形の手本をかいて見せるときは、子どもと同じ向きに座ってかいてあげるとわかりやすいでしょう。

学び
22
コンパスで円をかく

親の視点

コンパスの持ち方が自己流で円の中心がずれてしまい、なかなかきれいな円がかけません。本人もうまくできず、いらいらするようです。

子の視点

こんな変な形のものをどうやって使えばいいの？　針もとがっていてこわいし、これで円をきれいにかくなんて絶対に無理！

学びの手立て

手先を使う細かい作業が苦手な子どもにとってコンパスは強敵ですが、使いやすさを工夫したコンパスも発売されています。コツをつかんで「一人でかける！」と思えるまでの過程をじょうずにサポートしていきましょう。

使ってみたい教材・教具↓151・152・153ページ

STEP 1 円（まるい形）をイメージする

いきなりコンパスでかく必要はありません。身近なもので「まるい形のもの」をたくさん見つけて（たとえばまるいお皿など）、まるい形をイメージできるようにまわりを指でなぞってみましょう。

また、なぞりがきをしたり、自分でまるい形をかいて、まる（円）をイメージします。

STEP 2 コンパスの形を理解し、つまんで動かす

コンパスをよく観察します。2本のあしがあって、針のついているほうが「中心を押さえるあし」、鉛筆の芯のあるほうが「かくあし」で、「押さえる」と「かく」の二つの仕事をすることを説明します。

まず、円をかく前にコンパスを動かす練習をします。「中心を押さえるあし」のほうにシールを貼り、

力を入れるほうを子どもが意識できるように工夫しましょう。また、実際にコンパスで円をかくところを説明しながら、何度かやって見せてあげましょう。

STEP 3 コンパスで円をかく

「中心を押さえるあし」の針が紙から離れてしまわないようしっかり中心に針が刺さるように、紙の下に段ボールやゴムシートを敷いておくとよいでしょう。少しくらいずれてもよいので、最初はなぞりがきで、円をなぞってかけるように練習し、少しずつ自分でかける部分を増やしていきましょう。

　子どもが円をかく様子を見ながら、

・指先だけでなく手首を回す。
・針のほうに力を入れる。
・かくほうにコンパスを傾ける。
・右下あたりからかき始める（右利きの場合）。

など、コツを一つずつ伝えて練習してみましょう。

コンパスを使って円をかく

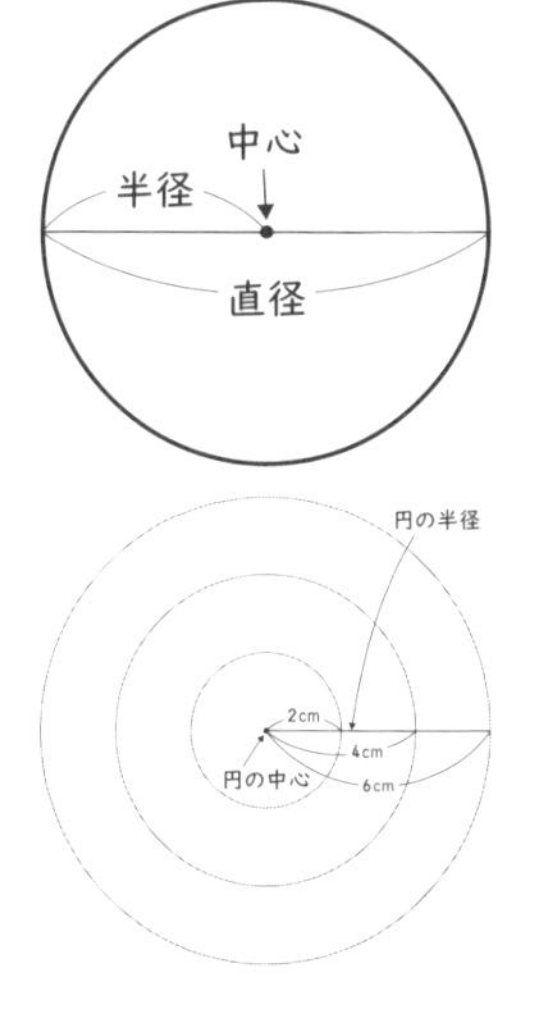

円をかく手順を、「言語化」「見える化」しておくのもよいでしょう。
紙のほうを動かしてあげて、子どもが「円をかけた」と思えるようにしてもいいですね。

円をかく手順を「見える化」

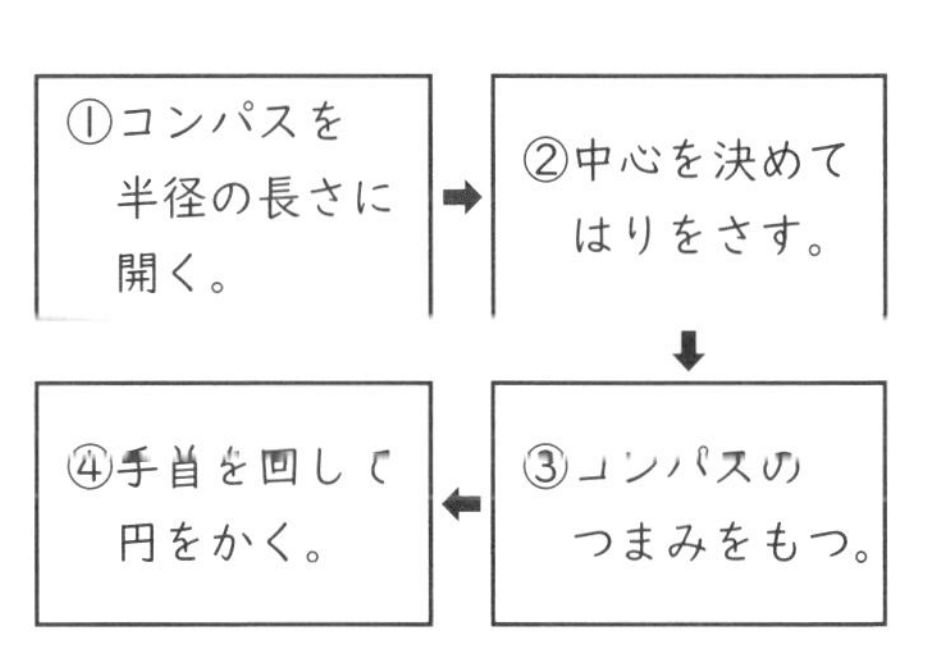

POINT

算数の学習の中でコンパスを使う時間は多くありませんが、手先が器用でなく苦戦する子どもたちにとっては強敵といえます。使いやすいコンパスも市販されていますので、子どもに合うと思われるものをいっしょに探してあげましょう。一度にたくさん練習するより、毎日少しずつ練習するのがポイントです。

学び 23

長さの理解

親の視点

定規で長さを正確に測ることが苦手で、身の回りのものも、「だいたい○cmくらい」をイメージしにくいようです。

子の視点

定規にはたくさんの目盛りがあるから、どこに合わせてどこを読めばいいのかわからないよ。全部に数字を書いておいてくれたらいいのに。

学びの手立て

定規の「0」に始点を合わせることが苦手だったり、細かい目盛りを正確に読むことが難しかったりします。使いやすい定規でわかりやすい長さを測ることから練習し、1㎝、1㎜、1ｍの単位とその関係をイメージできるようにしましょう。

使ってみたい教材・教具↓153ページ

STEP1 センチメートル（㎝）

定規の「㎝」の数字に注目して、身の回りのいろいろなものの長さ（だいたい何㎝か）を測って長さ比べをしてみましょう。また、㎝の単位をなぞって書くことから練習して、3㎝の長さなどを書けるようにしましょう。1㎝はこのくらいと指で示せるようにして、「長さ」の感覚を身につけていきます。

STEP2 ミリメートル（㎜）

1㎝の中にある小さい長さ「㎜」に注目し、1㎜が10集まって1㎝になることを理解できるようにします。ノートに1㎝を大きくかき（13ページ参照）、いっしょに見てみましょう。また、㎜の単位をなぞって書くことから練習しましょう。

STEP 3 メートル（m）

1cmが10集まると10cm、1cmが100集まると1mになります。1mの長さのリボンを用意し、1mがどのくらいの長さかをイメージしながら、身の回りのものを測ってみましょう。

・家族の身長
・机の縦横の長さやいすの高さ

STEP 4 cm・mm・mの関係

単位の換算表をつくります。表を見ながら、「1cmは10mm。では、5cmは何mm？」「1mは100cm。では、3mは何cm？」などと、正しく変換ができるようにしていきます。

長さをイメージする

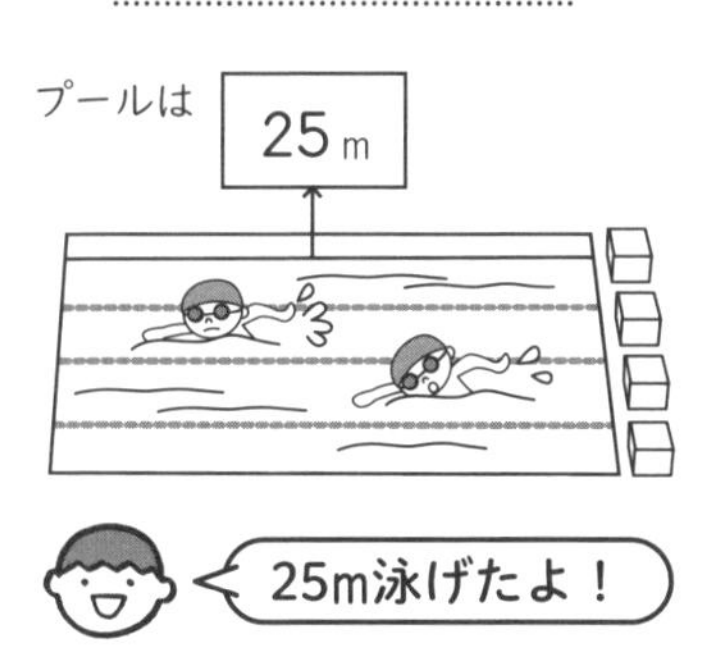

単位を換算する

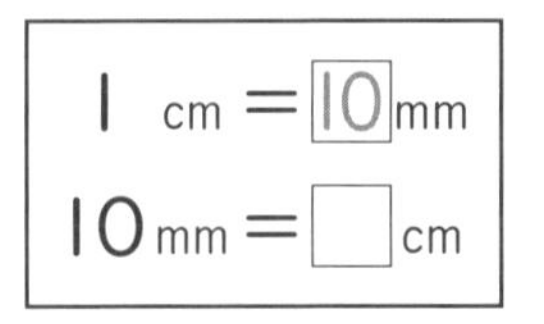

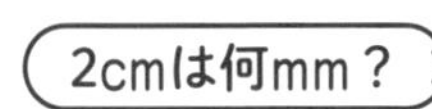

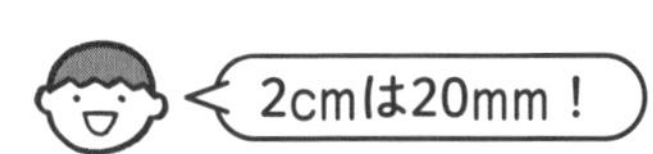

STEP 5 問題をつくる

生活の中のいろいろな「長さ」に注目して文章題をつくってみましょう。身長や靴のサイズ、部屋の中にあるものの長さなどを使った問題を、家族で出し合いましょう。

例「まさと君が生まれたときの身長は50cmでした。今の身長は、1m50cmです。何cm高くなったでしょうか。」

問題をつくる

このテーブルの高さは、いすより30cm高いよ。いすの高さは70cm。テーブルの高さは？

70cmより30cm高いから、たし算かな？

そうそう！

POINT

子どもが見やすくわかりやすい定規を選び、子どもにわかりやすいような目印をつけるなど工夫しましょう。また、子どもに合った長さですべりにくい定規を選んで、えんぴつやけしゴムなど、身近なものの長さをいっしょに測ってみましょう。

学び 24

「かさ」や「重さ」の理解

親の視点

「かさ」や「重さ」など、「量」をイメージすることが難しいようです。L（リットル）、dL（デシリットル）、kg（キログラム）、g（グラム）などの複数の単位が出てくると、ますます混乱してしまいます。

子の視点

L（リットル）、dL（デシリットル）、kg（キログラム）、g（グラム）、たくさん単位が出てきてちがいがわからない。「長さ」と何がちがうの？

学びの手立て

「かさ」は2年生、「重さ」は3年生で習います。どちらも生活の中で役立つ単位なので、基本的な読み書きや単位換算の方法を覚え、あとはだいたいの「量」がイメージできるように楽しく学習していきましょう。

使ってみたい教材・教具↓153ページ

STEP 1 「かさ」の単位（L・dL・mL）

かさの単位を読んだり書いたりできるように練習します。水やジュースなどの表示を調べて量を表す単位を覚え、250mLのもの、350mLのもの、500mLのものなどの身近な飲み物の量を読んだり書いたりするようにします。

実際に計量カップで100mLをはかってみたり、1Lの牛乳パック、2Lのペットボトルなどを持ってみたりして、「かさ」のイメージをもてるようにします。

「かさ」の単位を読む

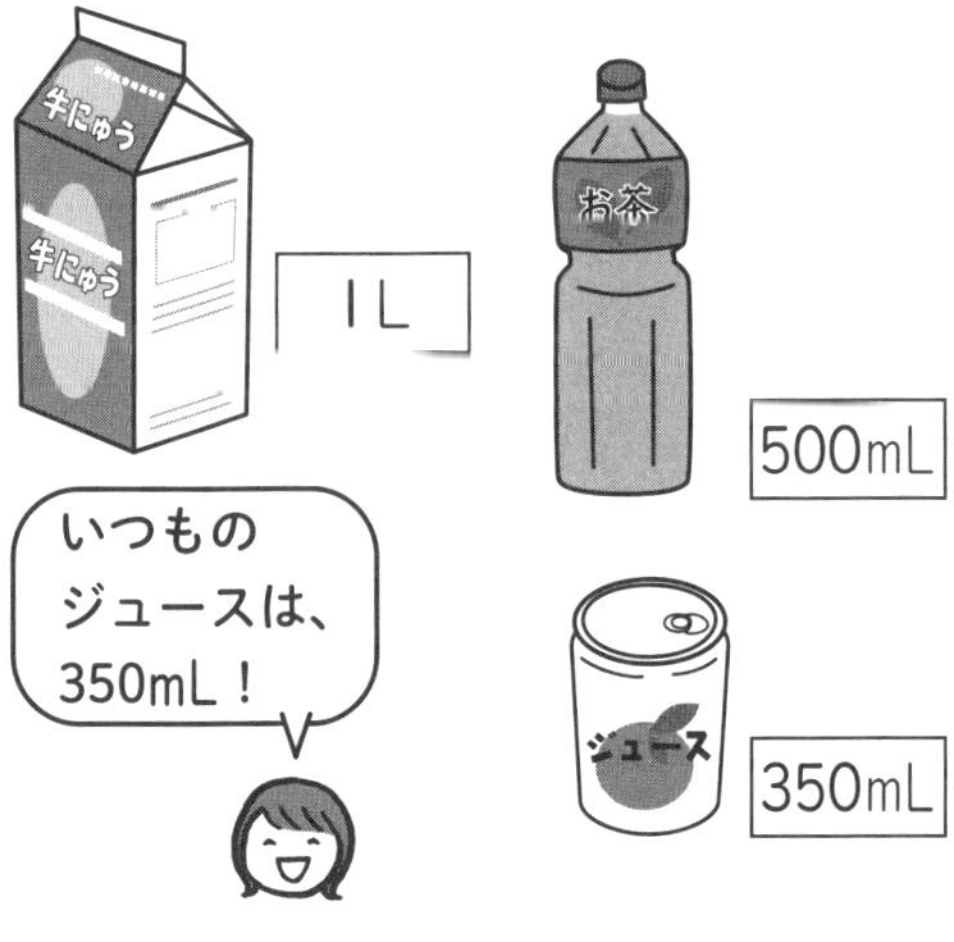

STEP 2 「重さ」の単位（g・kg・t）

重さの単位を読んだり書いたりできるように練習します。「g」は、くだものや料理の材料などの重さを、はかりを使って何gかを調べて読んだり書いたりします。また、1円玉が1個で1gの重さであることを教えてあげましょう。

「kg」は、体重計で人やものの重さをはかって読んだり書いたりします。また、身の回りのもので1kgのものをたくさん探してみましょう。

STEP 3 身の回りのものをはかる

家にある計量カップやはかり、体重計を使って、身の回りのものをはかって調べるようにします。料理のレシピを見て、子どもに水や牛乳などの量、小麦粉などの重さをはかってもらいましょう。また、体重計でふだん使っているランドセルなどの重さを

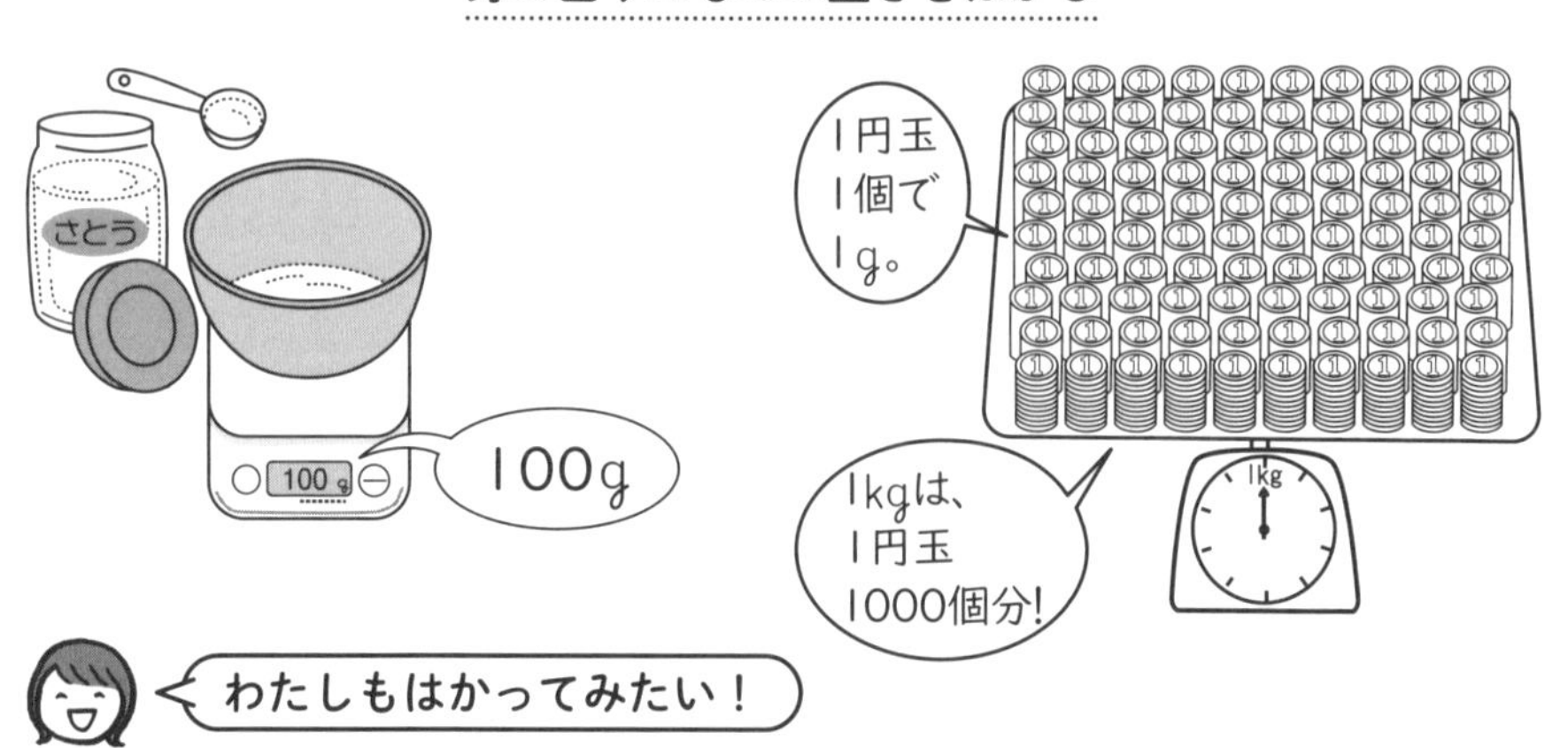

はかり、何kgくらいから「重い」と感じるのか、試してみるとよいでしょう。調べたものは、表にしてまとめるようにします。

POINT

「かさ」や「重さ」の学習は、教科書やドリルだけで身につくものではありませんので、子ども自身が実際にはかったり感じたりできる機会をつくりましょう。ぴったり正確にはかるというよりは、「だいたいこのくらい」というイメージをもてることが大事です。生活の中で重さを体感して、それを積み重ねることが大切なので、計量カップやはかりを使うお手伝いをたくさんお願いしてみるといいですね。

学び 25

いろいろな単位の換算

親の視点

「長さ」や「かさ」「重さ」などの単位の換算が苦手です。「1L=10dL」「1cm=10mm」などの関係が理解できていないようです。「長さ」も「重さ」もまざってしまうようです。

子の視点

1Lは10dL、これは覚えているから知っている。でも2Lが何dLになるかは、覚えていないからわからないよ。ふだん使わないし、覚えなくてもいいんじゃないの？

学びの手立て

覚えておくと便利な「長さ」「かさ」「重さ」などの単位の換算表をつくって、すぐに見られるようにしておきましょう。子どもが見て「わかる」ようにいっしょにつくります。換算表を手がかりに、無理に「思い出す」のではなく、手がかりを利用して考える機会をつくって、少しずつ自分で換算できるようにしていきましょう。

使ってみたい教材・教具↓153ページ

STEP 1 単位の関係

いろいろな単位の換算表を用意して、ノートなどに貼ってあげるとよいでしょう。短い長さを表すときは㎜、長い長さを表すときは㎞などのように、単位を使い分けると長さがわかりやすくなることを教えて、いろいろな単位の関係を覚えられるようにします。

○いろいろな単位

・長さ

短い ㎜ → ㎝ → m → ㎞ 長い

単位の関係

長さ

1cm＝10mm

1m＝100cm

1km＝1000m

1kmは、1000mだね！

・かさ　少ない　mL→dL→L　多い

・重さ　軽い　g→kg→t　重い

STEP 2 単位の換算

それぞれの単位の大きさを覚えることが難しく、問題に答えられない場合は、単位換算表を見ながら正しく換算できるようにします。

・ペットボトルは、500 mL
・牛乳1パックは、1 L
・小麦粉一ふくろは、1 kg

など、目安となるかさ、重さを書いて覚えておくと便利です。

単位の関係を整理する

重さ

1000g＝1kg

千の位	百の位	十の位	一の位		一の位	小数第一位	小数第二位	小数第三位	
1	0	0	0	g＝	1				kg
	1	0	0	g＝	0.	1			kg
		1	0	g＝	0.	0	1		kg
			1	g＝	0.	0	0	1	kg

（左：$\frac{1}{10}$　右：10倍）

かさ

1L＝10dL

1L＝1000mL

1dL＝100mL

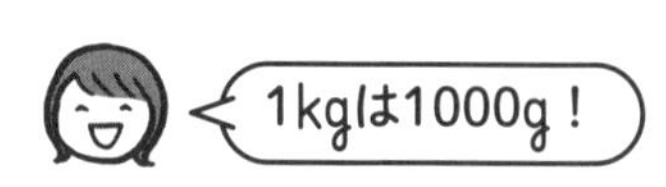

STEP 3 単位の計算

単位の関係を整理し、同じ単位にそろえて計算することができるか確かめましょう。生活の中でのさまざまなものの長さ・かさ・重さの単位に注目して、文章題をつくってみましょう。

問題をつくる

1Lのジュースを600mL飲むと、のこりは何mLかな？
オレンジジュース
1L

1Lは1000mLだから……

POINT

「短い」と「長い」、「少ない」と「多い」、「軽い」と「重い」の言葉の理解と感覚が結びつくよう、生活の中での長さ、かさ、重さについて考える機会をつくりましょう。「水1L」は「1kg」など基準を覚えておき、「このお肉は何gかな？」「このコップとこのコーヒーカップでは、どちらのほうが水がたくさん入ると思う？」「この荷物は何kgくらいあるかな？」などと、質問し合ってみるといいですね。

学び 26

お金の計算（基礎：いくらかな）

親の視点

買い物をするときも電車やバスに乗るときも現金を使わなくてすむようになったせいか、子どももお金の使い方や計算の方法が身についていないようです。将来のためにもお金の価値をしっかり理解してほしいのですが……。

子の視点

買い物を頼まれてお財布にお金を入れてもらったけれど、レジでどのお金を使ったらいいかわからなかったから、とりあえず千円札を出しておいたよ。全部カードで買い物すればいいんじゃない？

学びの手立て

日常生活では現金を使う場面が少なくなってきましたが、お金は数や算数の考え方をイメージして理解できる絶好の教材です。お金の価値を理解するためにも、実際にお金を使って子どもがものの値段を考えたり計算したりする機会をつくってみましょう。

使ってみたい教材・教具↓147ページ

STEP 1 お金の種類

お金をじっくり見たりさわったりして、お金の種類を覚えましょう。ぱっと見て、「10円」「100円」などと言えるかチェックしてみましょう。お札も見せてあげて、「ここにいくらか書いてあるよ」「お札にかかれている人は、〇〇〇〇という人だよ」などを教えてあげましょう。

STEP 2 「いくらあるかな」

お金を種類別に分けて数え、いくらあるかを言えるようにしましょう。また、その金額を書くことで、「学び3　3桁までの数の読み書き」と結びつけて学習することができます。

STEP 3 買い物の練習

スーパーのちらしなどを使って買い物の場面を設定し、「ポテトチップス1ふくろの値段は？」など、お金を支払う練習をしてみましょう。子どもが店員さん役になって、大人が支払ってもよいですね。その場合、レジのかわりに計算機を使ってもよいでしょう。また、手持ちの硬貨で「ぴったりのお金」がつくれないときには、少し多めのお金で支払う練習もしてみましょう。がい数がわかる場合はがい数を使って、難しい場合は、「290円は300円よりも小さいから300円出す」など、数の大小で判断する練習をしてみましょう。

STEP 4 「等価」の理解

二つのトレイを用意し、片方のトレイに硬貨や紙幣を1枚置きます。「左のトレイに100円玉を1枚置き

ます。右側のトレイには100円玉を使わずに100円をつくって置いてください」と言って、右側にそれと同じ額になるように細かい硬貨を置くようにうながします。等価がわかる図や位取り表も活用し、10円玉が10枚で100円、50円玉が2枚で100円のように、両方のトレイが等価になることを目で見て確かめましょう。

等価の例

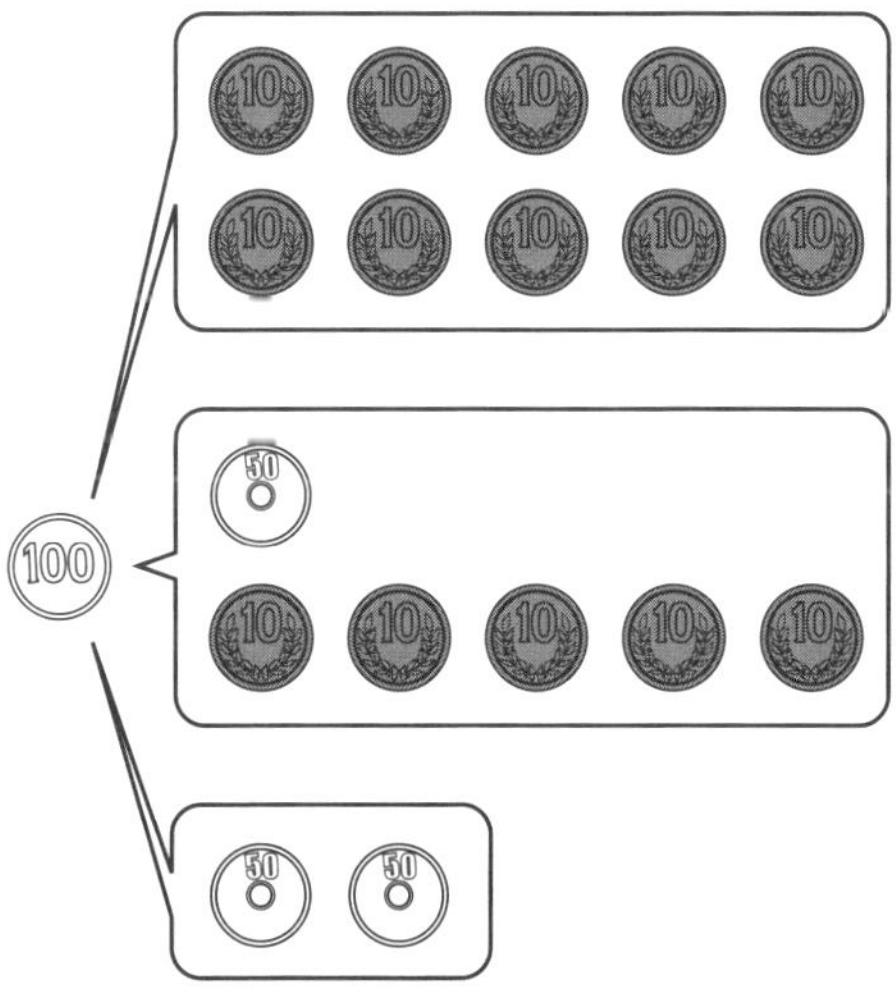

POINT

実際の硬貨を使用するほか、おもちゃの硬貨もいろいろな種類があるので活用しましょう。買い物ゲームなどでは、財布の中の硬貨が見やすくて取り出しやすいものを、財布からお金を取り出す作業がたいへんという子はトレイなどに入れて、どんなお金があるかを子どもが見やすくわかりやすいようにします。練習用のお金はふだん使うお金とは別にしてケースなどに入れておき、子どもに管理してもらうとよいでしょう。

学び 27

お金の計算（応用：買い物）

親の視点

買い物をするのは好きですが、金銭感覚がじゅうぶんでなく、お金がすぐになくなってしまいます。ほしいものや必要なものを予算に合わせて自分で買えるようになるとよいのですが。

子の視点

今日もらったおこづかいを全部使ってまんがをたくさん買ってきたら、おこられたよ。自分のおこづかいなのになんでだめなの？

金銭感覚は教えられて身につくものではなく、いろいろな経験を積み重ねていくうちに理解していきます。「高い」「安い」などを考える機会をつくり、大切なお金を計画的に使えるように練習しながら見守っていきましょう。

使ってみたい教材・教具↓147ページ

STEP 1 「高い？」「安い？」

子どもの金銭感覚をチェックしてみましょう。たとえば、「これはいくらだと思う？」「千円で買えるものにどんなものがあると思う？」など、興味をもつことから始めましょう。

・歯ブラシ1本、いくらくらいだと思う？
・500円で買えるものにどんなものがあるかな？
・コンビニエンスストアの商品の値段調べをしてみよう。

百円、千円、一万円など、子どもの生活に合った金額を書いた簡単な数直線を用意し、「安い」「高い」を比べてみましょう。

STEP 2 おこづかい帳をつける

レシートを見て、自分のおこづかいを何にいくら使ったか、おこづかい帳につけるようにします。おこづかい帳は、自分一人で書けるシンプルなものがよいでしょう。

STEP 3 「代金」と「おつり」

外食や日々の買い物を想定して、代金とおつりの計算ができるようにします。

・チョコレートとキャンディーでいくらになる？
・500円を払ったらいくらおつりがくるかな？

STEP 4 楽しく実践する

子どもの好きなものや生活の場面から計算する機会をつくってみましょう。見たい映画、映画館までの交通費、みんなでレストランに行くときの予算な

おこづかい帳をつける

さくらんぼスーパー
まいど ありがとう ございます
20××年12月3日 17:00
チョコレート 130円
キャンディー 50円
合計 180円
おあずかり 500円
おつり 320円

日づけ	しなもの	ねだん	おつり
12/3	チョコレート キャンディー	180円	320円
		円	円
		円	円

代金とおつり

どを、パンフレットやインターネットなどで調べながら、楽しく計算してみましょう。「お父さんやお母さんのかわりに計算してね」のように、家族の代表として計算してもらうというのがポイントです。また、実際の支払いも子どもにお願いするといいですね。

楽しく計算

大人2名、子ども1名だと入園料はいくらかな？

さくら動物園入園料

大人（高校生以上）	800円
子ども	300円

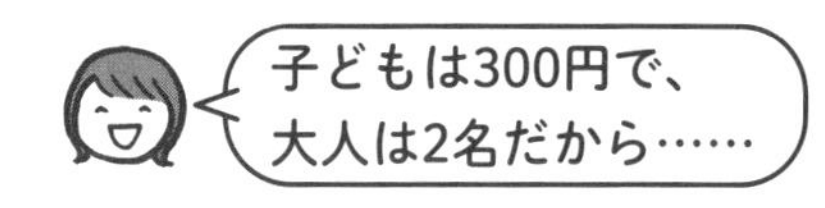

子どもは300円で、
大人は2名だから……

POINT

お金の学習は生活に直結することなので、楽しく実践的にくり返しましょう。外出先での買い物をまかせ、「家族のためになっている」と実感できるとよいでしょう。正確に計算することだけが目的ではありませんので、練習は「消費税」を含めない計算から始め、計算は計算機を活用しましょう（子どもが使いやすい、大きめの計算機がおすすめです）。「何にいくらくらいかかるのか」を感覚的にわかる機会をつくりましょう。

学び 28

時刻を読み取る

親の視点

時計がなかなか読めるようにならず、時計があるのに「いま何時？」と聞いてくることが多いです。短針と長針の読み方に自信がないのかな。

子の視点

「時計をよく見て」と言われても、長い針も短い針も両方動くからわからなくなるよ。家の時計も学校の時計も全部、数字でわかるデジタルの時計にしてほしいな。

学びの手立て

学習用の時計など、子どもが読み取りやすい時計を選びましょう。また、子どもが実際に針を操作しながら練習できるように、100円ショップなどで入手できる手ごろな時計もあわせて用意しておくとよいでしょう。次のような進め方で教えていきましょう。

①「長い針」と「短い針」を確認する→②ちょうどの時刻→③30分単位→④5分単位→⑤1分単位→⑥「何時何分」をつくる

使ってみたい教材・教具↓147・154ページ

STEP 1 「長い針」と「短い針」

次のような問いかけをして、時計のどこを見たらよいのかを確認しましょう。

・「いま何時?」と聞く前に、「時計の数字を1から読んでみてね」(↓1、2、3……12)。
・「長い針はどれかな?」(↓子どもが指す)「長い針はどこを指しているかな?」(↓子どもが指す)
・「短い針はどれかな?」(↓子どもが指す)「短い針はどこを指しているかな?」(↓子どもが指す)

また、デジタル時計の読み方も教えてあげましょう。

STEP 2 ちょうどの時刻

「1時」から「12時」まで実際に時計の針を動かしながら確認していきます。「1時」が読めたら、「1時間たつと2時だね」と声をかけ、「1時から12時までのちょうどの時刻」を読んでいきます。

STEP 3 「30分（半）」

30分は「半」ともいい、このとき長針は6を指し、短針は数字と数字の真ん中にあります。「1時から30分たつと」「2時から30分たつと」というように順に針を動かしていき、短針がたとえば「1」から「2」の間にあるときは「1時」と読むことを示しながら、子どもが言えるようにしていきます。

STEP 4 「5分単位」「1分単位」

「5分単位」「1分単位」の時計の読み方を練習し

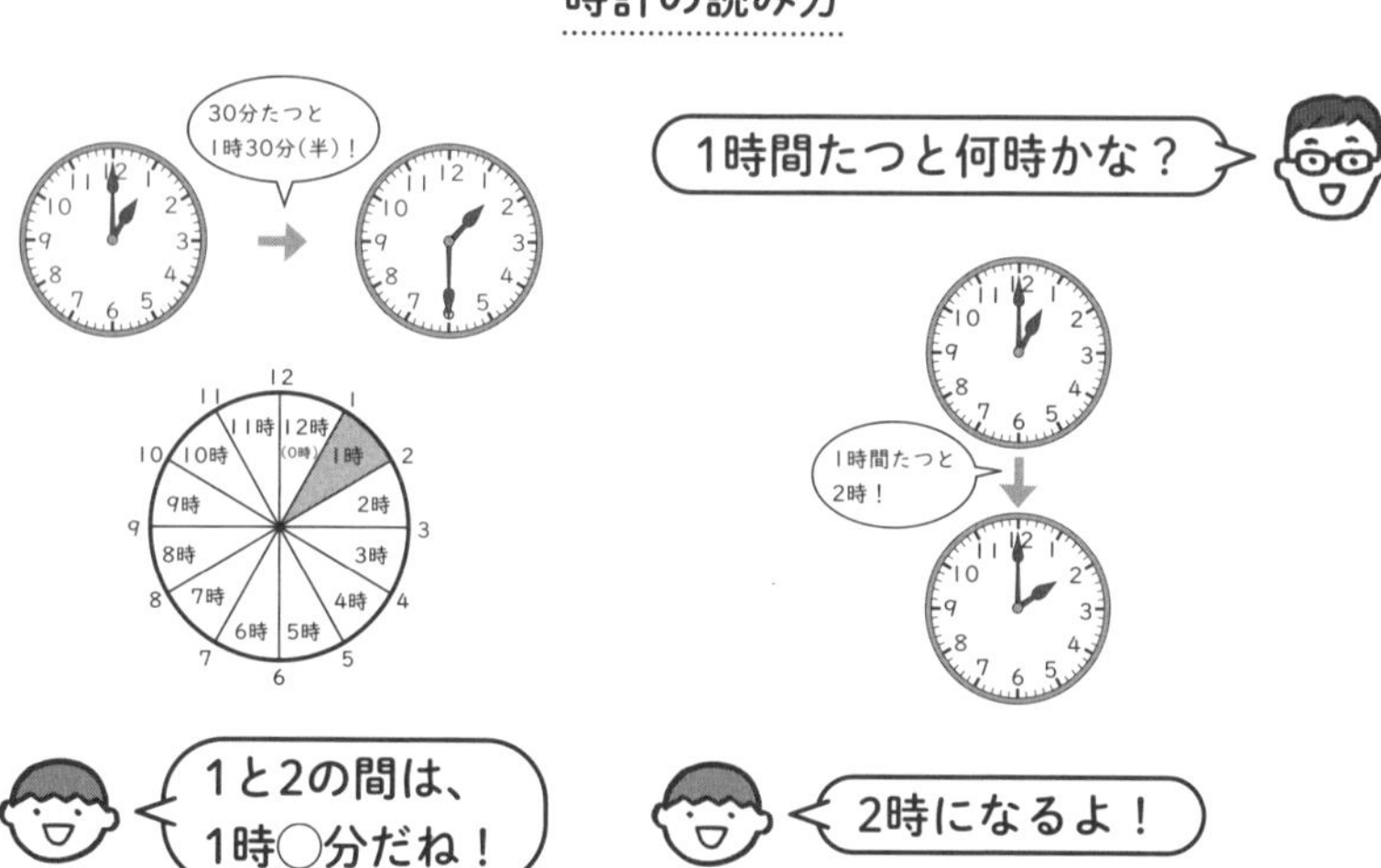

ます。5分単位は5とびの数であり、長針が「4」を指していれば「5×4＝20」のように九九の5の段を利用するとわかりやすくなります。また、長針が指す目盛りで1分単位の時刻を正確に読めるよう練習していきます。

STEP 5 「何時何分」をつくる

時計の針を動かしたりかきこんだりして、時刻をつくることを練習します。

「何時何分」をつくる

POINT

時計の文字盤は大きくシンプルなもので、子どもが見やすいものを使うとよいでしょう。また、アナログ時計とデジタル時計を並べて置き、時刻を確かめやすくするのもよいでしょう。家の中の時計を家族みんなで意識し、「いま、何時何分？」と子どもに教えてもらう機会をつくりましょう。年齢に応じて腕時計を使えるようにすると、自分で時計を見る習慣がつきます。

学び
29
時間の流れを理解する

親の視点

時計は読めるのですが、「1時間後」や「30分前」がわかっていません。時間の逆算ができたら生活にもいかせるのに……。

子の視点

3:00は3時、4:00は4時でしょ。その間の「時間」はどこに書いてあるの？

学びの手立て

時間の経過は目で見ることのできない連続した流れです。子どもがイメージできるようにするには、この「時間の流れ」を「見える化」して、計算や生活に結びつけてあげることが必要です。日々の生活の中で、ゆっくり取り組んでいきましょう。

使ってみたい教材・教具↓147・154ページ

STEP 1 24時間の理解

次のような進め方で、時間の量感を養う練習をします。

①「1分間ってどのくらい？」↓目を閉じて60秒をカウントしてみるようにうながす。

②「1時間は60分」↓「1分が60で1時間」「1時間の中に1分が60ある」ことを教える。

③1日の24時間を「見える化」して、午前と午後を理解する。↓「朝は午前何時に起きている？」「午後何時に家に帰る？」などを確認してみる。

STEP 2 「○時間（分）後」「○時間（分）前」

実際に時計の針を動かしながら、「1時の30分後は1時半」など、答えられるようにしていきます。

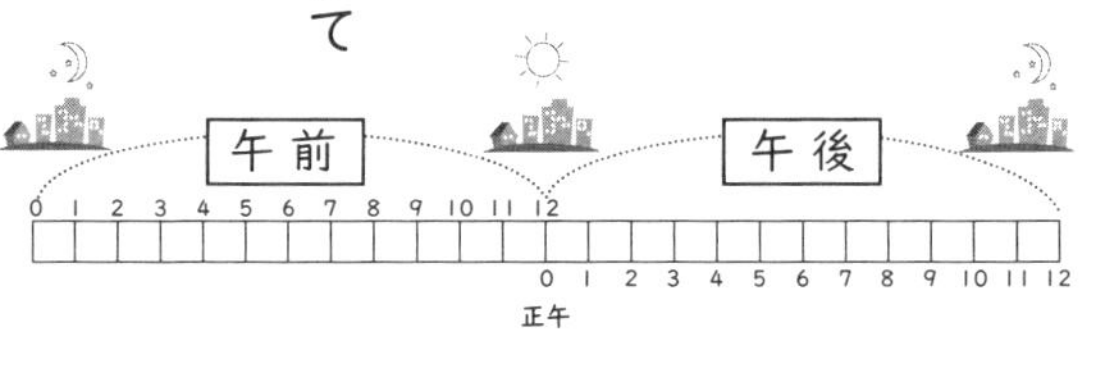

はじめは時計の針を動かしながら取り組み、慣れたら、「3時から5時までは2時間」「20分から50分までは30分間」などの考え方も練習します。「2時から40分ゲームをしたら何時何分になるかな?」など、生活に身近な問題をつくって、理解しやすくしましょう。「○時間前」の時刻を求めるほうがわかりにくいので、時計を使っていねいに練習します。

STEP 3 時間と時刻の文章題

ワークシートなどの文章題で、時間と時刻の計算を身につけるようにします。

例 「読書を朝1時間、昼に1時間半しました。合わせて何時間何分読書をしましたか。」

例 「昨日はサッカーの練習を2時間半しましたが、今日は昨日より50分短く練習しました。今日の練習時間は何時間何分でしたか。」

時間の問題

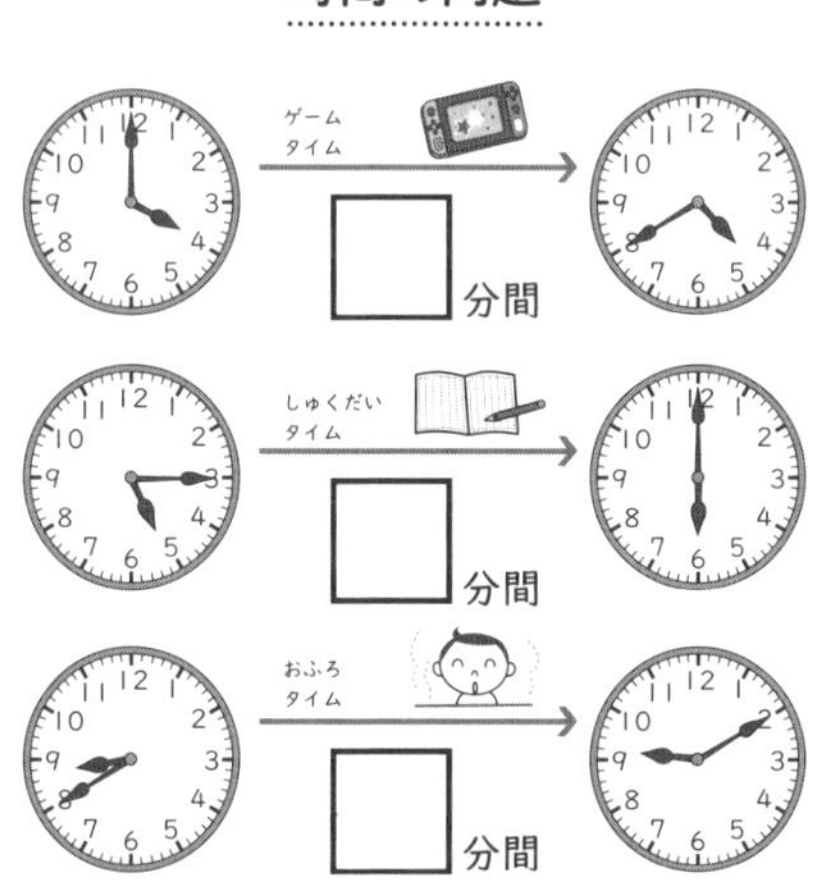

時刻の問題

これから40分間勉強すると、終わるのは、何時何分?

STEP 4 スケジュール表をつくる

毎日のスケジュール表をつくり、何にどのくらいの時間を使っているかを意識できるようにしましょう。「すいみん時間」「ゲームをする時間」「宿題をする時間」などを、具体的に細かく表してみます。また、「8時に学校に着くには、何時何分に家を出たらいい？」などもいっしょに考えていきましょう。

スケジュール表をつくる

学校から帰るのは、何時何分かな？

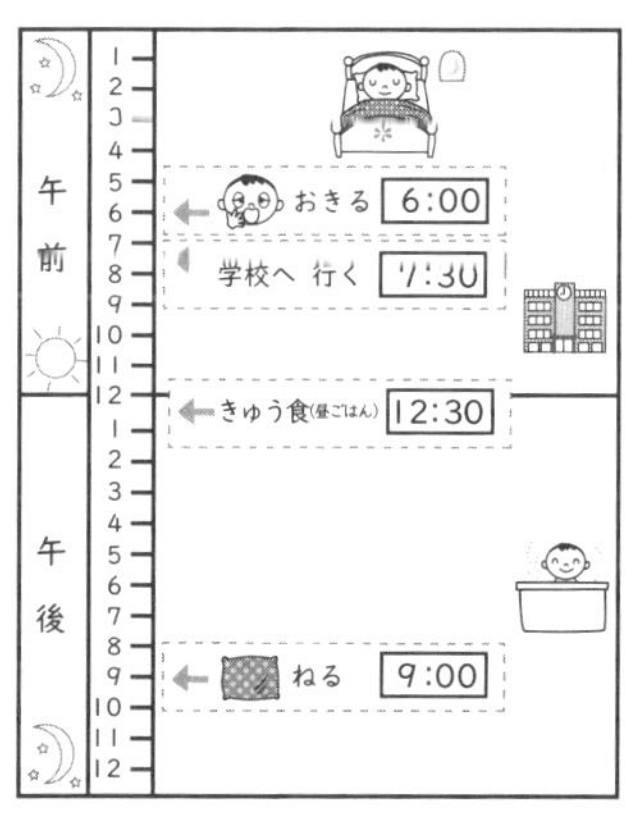

POINT

電車やバスの時刻表などを使って、「何時に家を出たらいいかな？」などを考えてみるのもいいですね。マイペースで「時間」や「時刻」に無頓着に見える子も、あえて「時間」や「時刻」を学ぶことで、いずれ自分の時間をコントロールできる力につながります。子どもの行動を時間でしばるのではなく、計画を立てる楽しさ、計画どおりにできた達成感を味わえるようにしましょう。

学び 30

表やグラフの読み取り

親の視点

グラフや表から必要な情報を読み取ることが苦手です。どこに注目したらよいかがわかっていないみたいで……。

子の視点

絵を見ているみたいで、いろんなことがかいてあることはわかるけど、「グラフを見て答えて」と言われても、何を聞かれていて何を答えていいかわからないや。目についたことを答えておこう。

学びの手立て

グラフや表の情報を正確に読み取ったり、整理したり、必要な情報を探したりすることが苦手な子どもは、そもそもそれが「何を表しているか」を理解できていないことがあります。国語の文章問題を読み取るように、グラフや表から「わかること」をていねいに読み取ることから始めましょう。

使ってみたい教材・教具↓153ページ

STEP 1 いろいろな表

生活の中にあるいろいろな表に注目してみます。「表になっていると便利！」ということを話してみましょう。「時間割表」「給食の献立表」「スケジュール表」「ごみの分別表」「健康診断表」など、文章で書くよりも、物事が整理されていてわかりやすいこと、その変化や傾向が読み取れること、必要なときに必要な情報がわかることなどに、気づけるようにしましょう。

STEP 2 いろいろなグラフ

天気予報などに出てくる棒グラフや折れ線グラフなど、生活の中にあるいろいろなグラフを見つけましょう。変化や傾向がわかる、比較できるなど、必要な情報を読み取ったり、整理したりすることができることに気づけるようにしましょう。

STEP 3 情報の読み取り

教科書やワークにある表やグラフが、それぞれ「何についてのどんな情報を表しているか」をていねいに読み取ってみましょう（「見える化」「言語化」）。子どもが見やすいように表やグラフを拡大してあげるとよいでしょう。押さえておきたいのは、縦と横の軸です。縦軸が何を表していて、横軸が何を表しているかを、わかりやすく書いて示しておきましょう。また、一目盛りの読み方やグラフの傾きが表す意味などをていねいに説明し、多い少ない、増えた減ったなど、グラフからわかることを一つひとつていっしょに読み取ります。量が「見える化」されていることの便利さを実感できるようにしましょう。

情報を読み取る

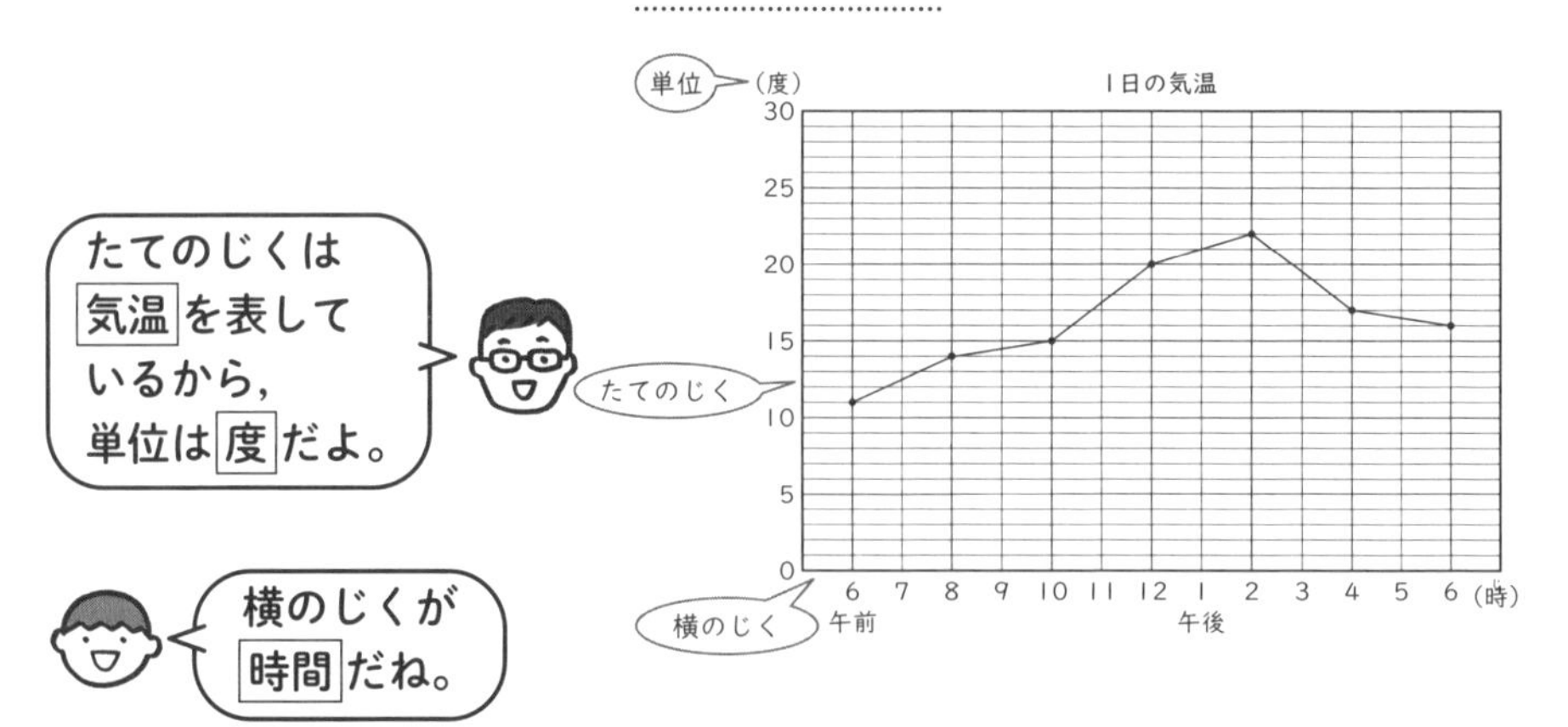

STEP 4

表やグラフをつくる

自分でつくるからこそわかることがあります。はじめは表やグラフの「枠」をつくってあげて、グラフや表に書き入れるところを子どもに担当してもらい、身近なものを調べてまとめることのおもしろさや便利さに気づけるようにします。シールを貼ったり色分けしたりして、長く使えるように家族みんなが目につくところに掲示しましょう。

POINT

教科書の表やグラフは大きく拡大し、蛍光ペンで色をつけるなどして、子どもが見やすいような工夫をしましょう。まず、「縦軸」と「横軸」が何を表すかを確認し、グラフを読む力を少しずつ定着させていきましょう。また、テレビや図鑑などに出てくる表やグラフをたくさん見つけて、どんなことがわかるか話し合ってみましょう。

グラフをつくる

COLUMN

さくらんぼ教室で活用している「指導グッズ」

教室ではわかりやすい指導のために「指導グッズ」を活用しています。どこでも手に入る文房具が、強い味方になってくれますよ。

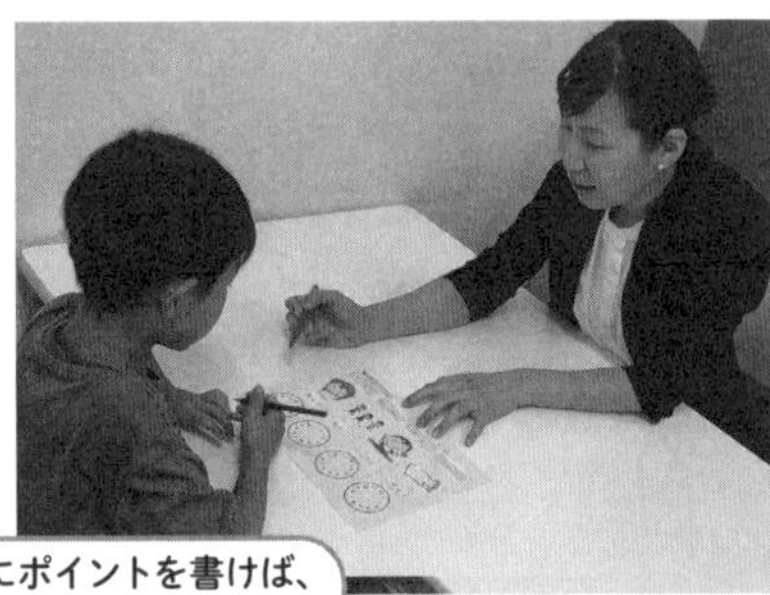

赤ペン	「できた」が実感できるマルや100点をかきます。
カラーペン	青ペンなどでお手本やヒントをわかりやすく書きます。まちがった箇所には×ではなく★印をかいて、もう一度やり直せるようにします。
蛍光ペン	なぞり書きに使ったり、大事な部分を示したりします。
付箋（いろいろな大きさ）	ヒントをさっと書いて貼ったり、数字などをマッチング（同じものを合わせる）したり、書くことが苦手な子が答えを選んで貼れるようにしたり、「がんばったね」と一言コメントを書いたり……、いろいろな活用ができます。
シール・スタンプ	子どもの好きな色やキャラクターを取り入れて、学習のモチベーションにつなげます。

使ってみたい
教材・教具

子どもたちの「できる」につながる
教材・教具を見つけましょう。

べんきょうは
楽しい!

かず

学研の幼児ワーク (Gakken)

3歳 かず／4歳 かず／5歳 かず

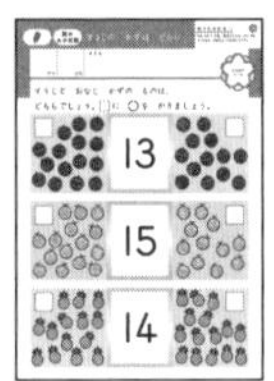

磁石すうじ盤30 (くもん出版)

かずカード (くもん出版)

とけい・おかね

学研の幼児ワーク（Gakken）
6歳 ハイレベルとけい　新装版

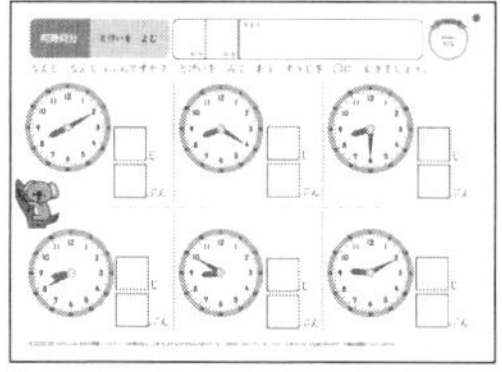

スタディクロック
（くもん出版）

学研の頭脳開発（Gakken）

お金の使い方と大切さがわかる
おかねのれんしゅうちょう
改訂新版

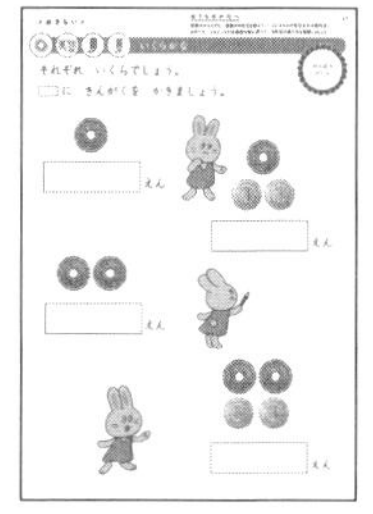

お金の計算と買い物が得意になる
おかねのれんしゅうちょう
［おかいもの編］　改訂新版

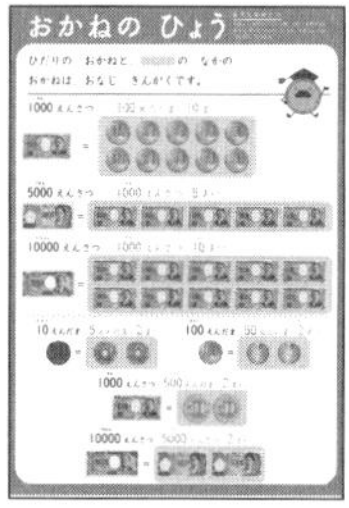

たし算・ひき算

毎日のドリル (Gakken)

小学１年 たしざん／小学１年 ひきざん／小学１年 文章題

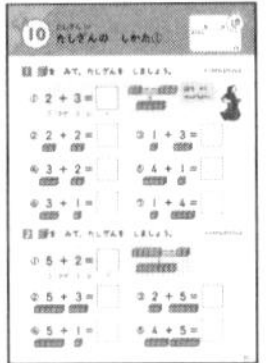

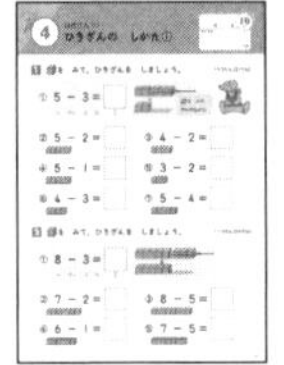

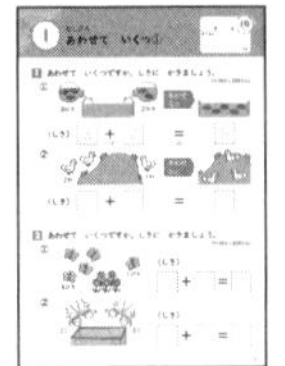

まなび Games

頭のよくなる算数かるた　シソック

from 4 ます連算 (Gakken)

かけ算・わり算

毎日のドリル（Gakken）

小学２年 かけ算九九／小学３年 かけ算・わり算／小学３年 文章題

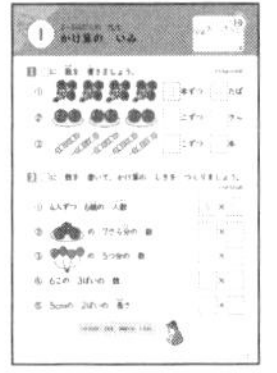

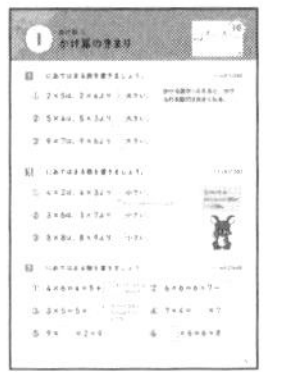

まなび Games

頭のよくなる九九トランプ　ククップ（Gakken）

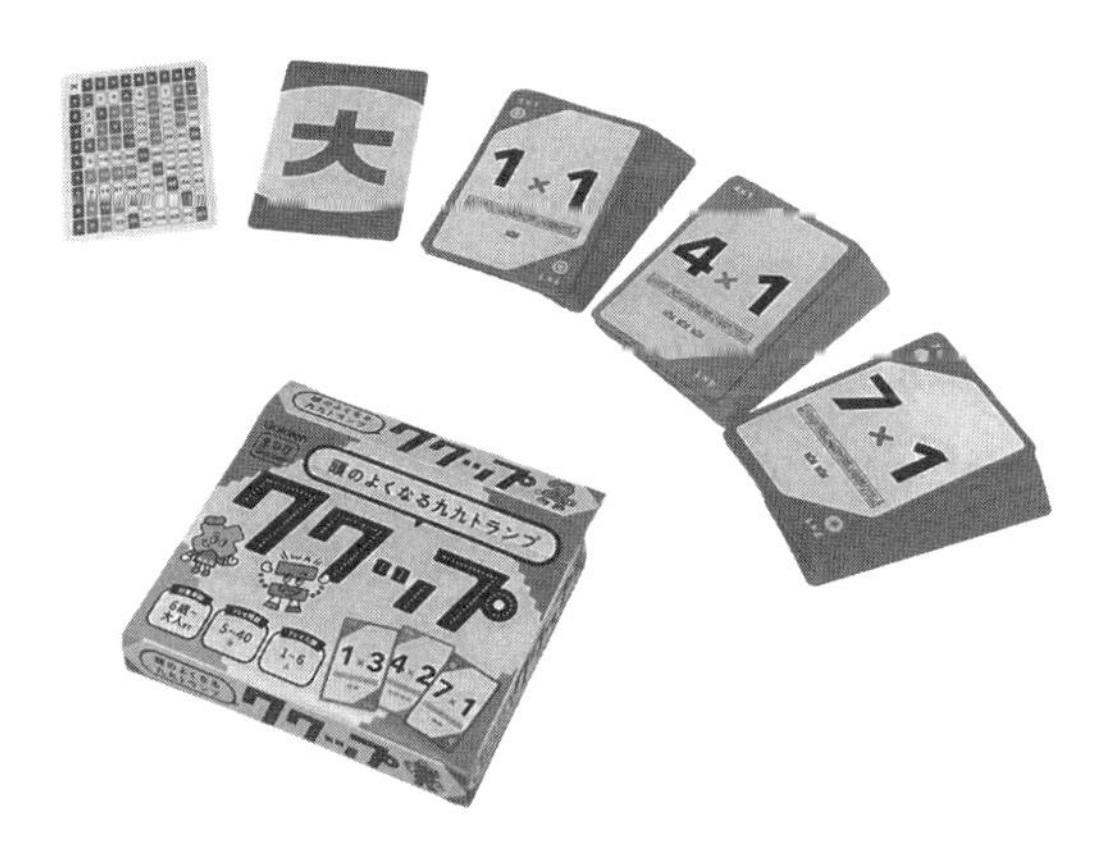

図形

わごむパターンボード（くもん出版）

100 てんキッズ　さんかくパズル

（著：久野泰可　幼児教育実践研究所　こぐま会／発売：幻冬舎）

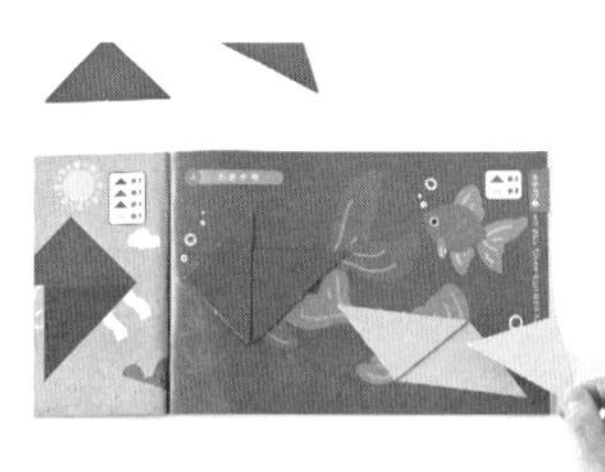

図形キューブつみき（くもん出版）

定規・コンパス

スーパーコンパス くるんパス　スティック

(株式会社ソニック)

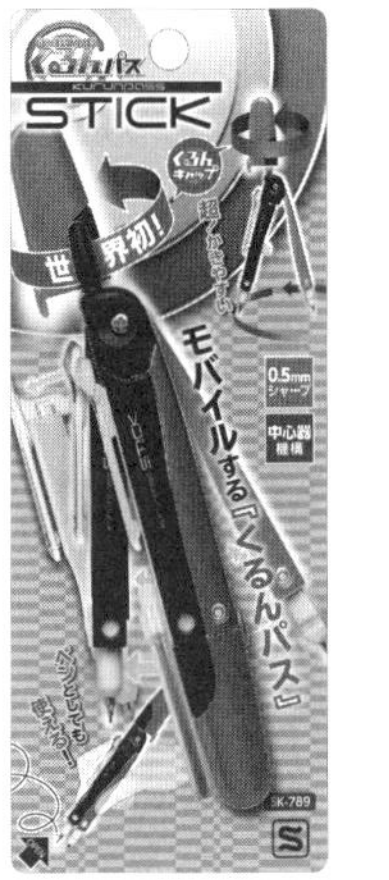

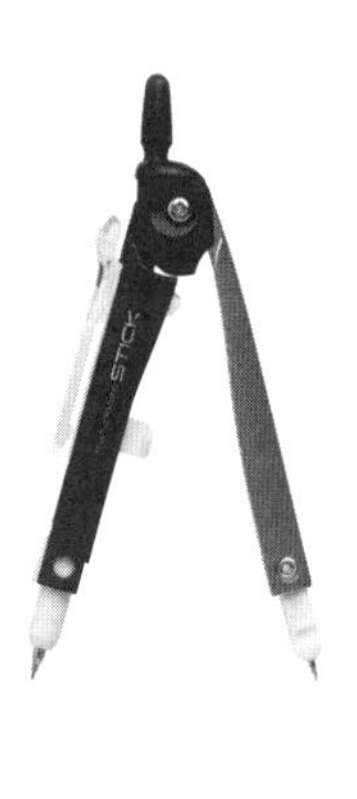

ナノピタ キッズ 三角定規10cm

(株式会社ソニック)

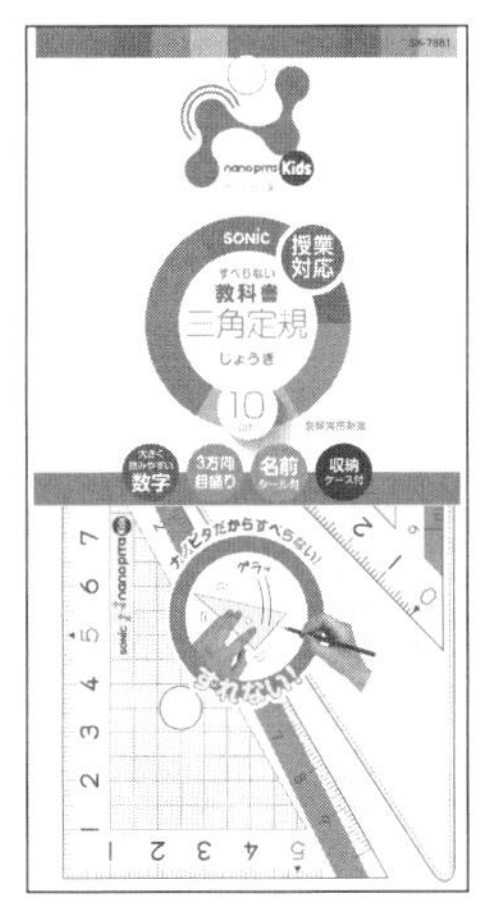

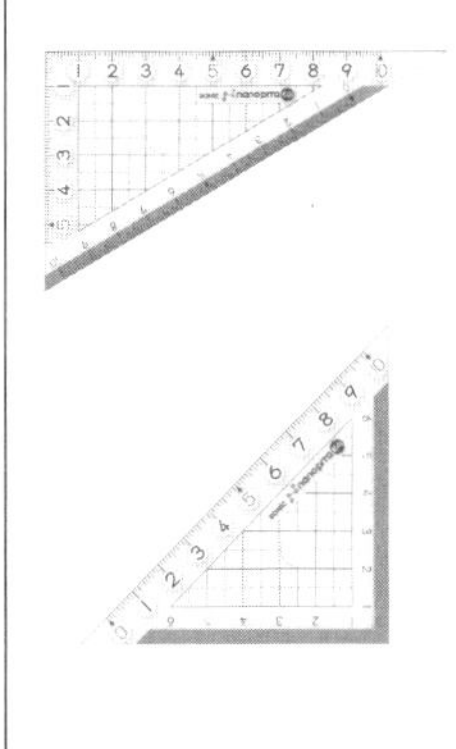

ピタットルーラー（プラムネット株式会社）

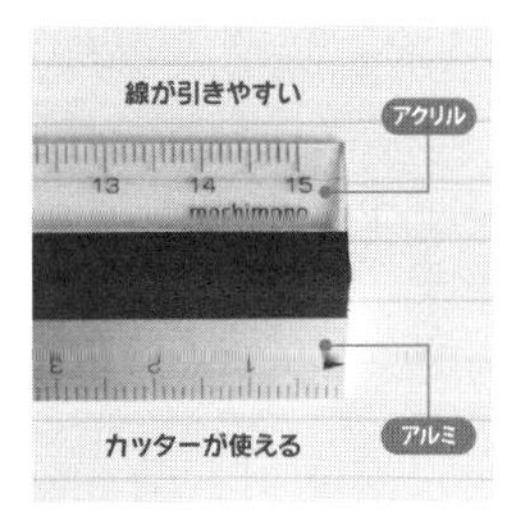

さわって学べる　図鑑

さわって学べる　算数図鑑（Gakken）

たし算、かけ算、分数から図形や立体まで、算数に関する
さまざまなことを、しかけをとおして体験できる図鑑です。

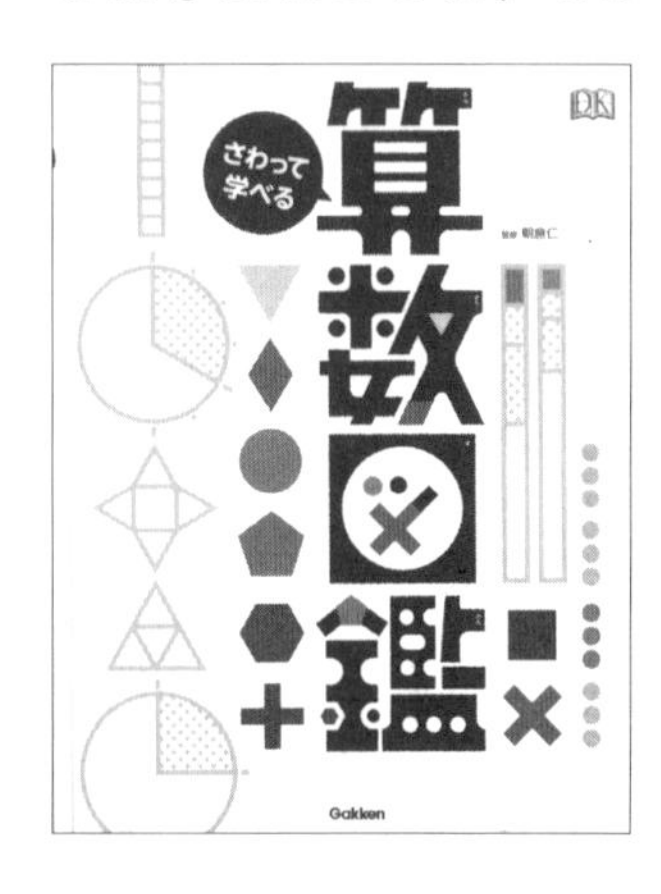

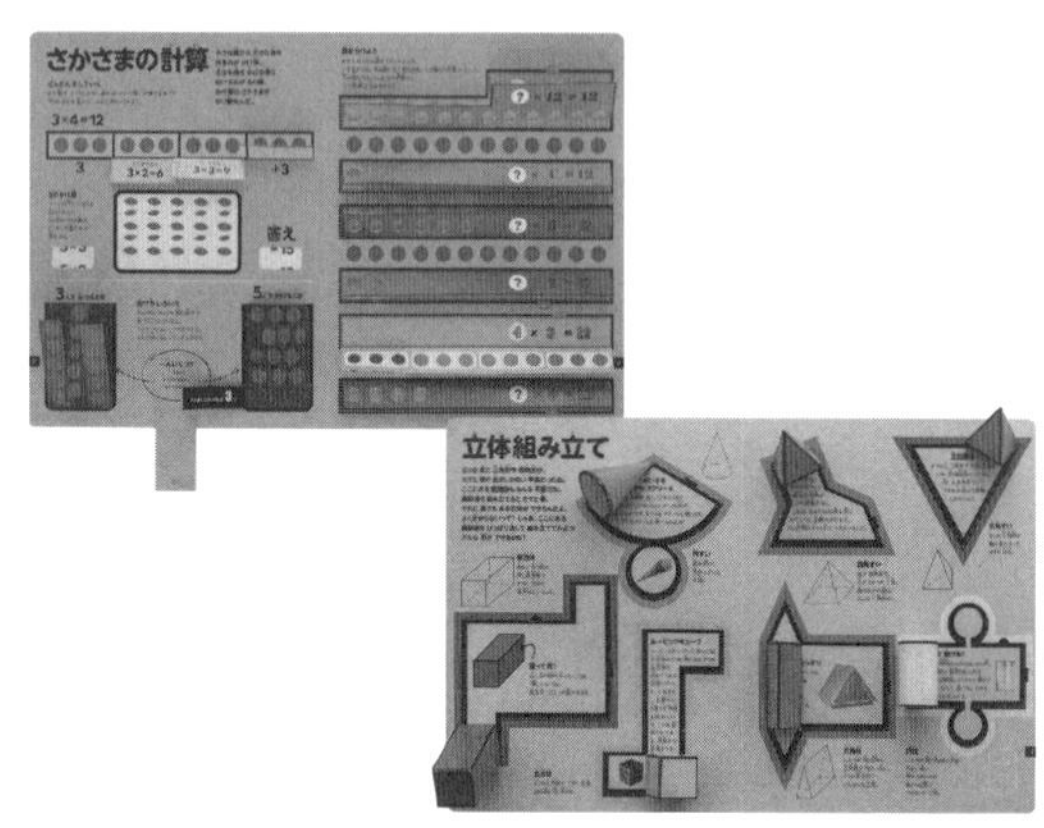

さわって学べる　図形図鑑（Gakken）

たくさんのしかけを使って、
遊びながら立体がイメージできるようになります。

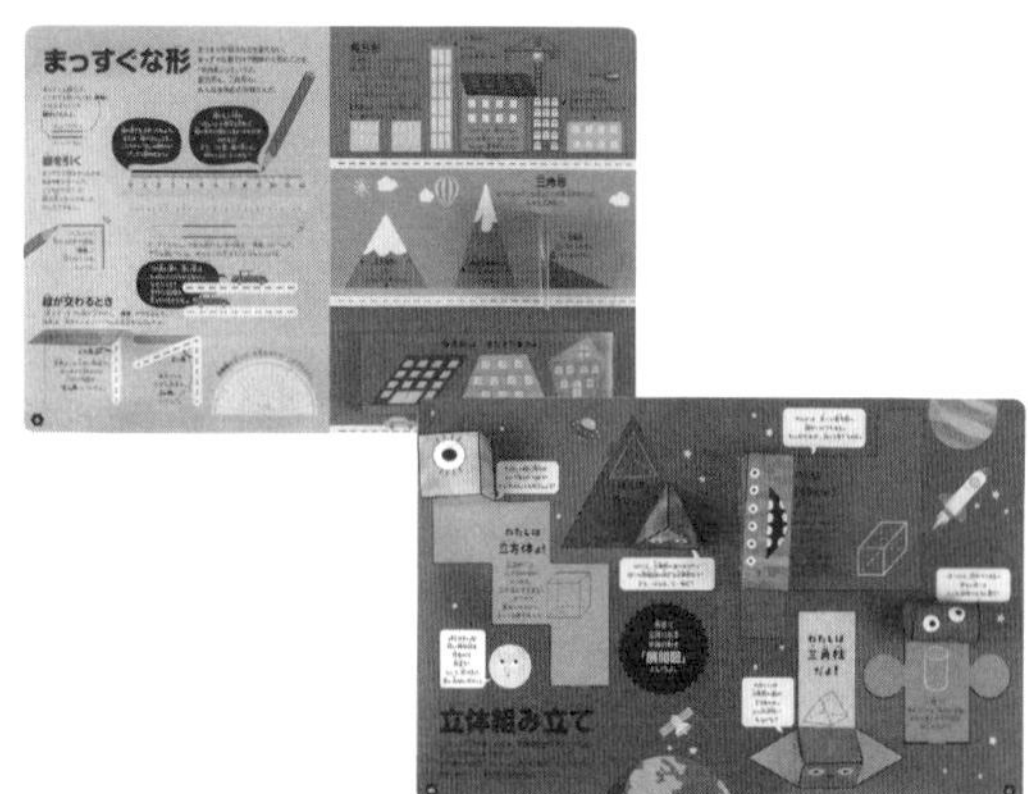

小数・分数・図形・単位

毎日のドリル（Gakken）

小学4年 小数・分数／小学2年 図形・数・たんい／小学3年 図形・数・たんい

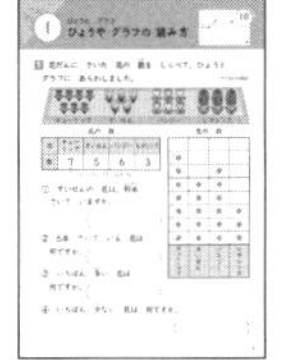

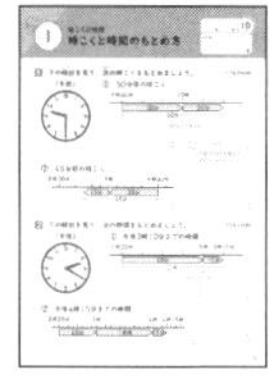

「ドラゴンドリル」シリーズ（Gakken）

小3 計算のまき／小4 計算のまき

学研の幼児ワーク　アプリ版

さんすうランド

ユーモアあふれる知育アプリで、
「かず」と「さんすう」の力がアップ！

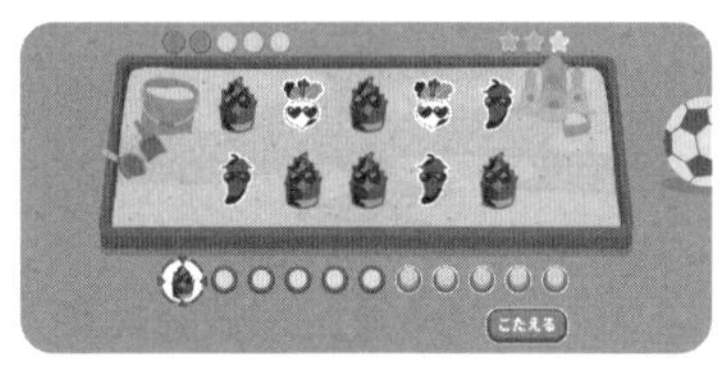

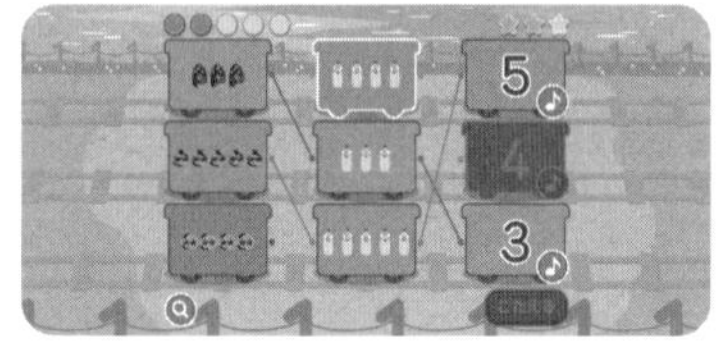

【マップ 1】　20 までの数・ちえ
【マップ 2】　100 までの数・とけい
【マップ 3】　たしざんひきざん・とけい

学研の幼児ワーク　とけい

アナログ時計のおけいこ

自分で針をぐるぐる回して
答える問題も！

幼児ワーク公式サイトのアプリページ
https://www.gakken.jp/youjiw/app/

さくらんぼ教室で学んで成長した子どもたち

好きなこと、得意なことをいかして
成長している子どもたち、先輩たちをご紹介します。

いつも
笑顔でいてくれて
ありがとう

カブ・クワ研究への情熱が止まらない！

クワタ博士（小学生）

Gakkenの図鑑はほぼ暗記！
ガムテープで補習して愛読。

さくらんぼ教室から

小さいころから植物や昆虫が大好きな、元気いっぱいの小学生。カブトムシとクワガタのなぞにせまる研究を続け、数々の受賞歴もある博士です。好きなことにはとことん集中し、採集と研究に夢中の毎日。教室では、学校をこえて友だちがたくさんできました。毎週のソーシャルスキルトレーニングにも、積極的に参加しています。

- 好きな教科　理科
- 苦手な教科　社会（興味がないと勉強しない）
- これまでの歩み　小学校（通級を利用）

クワタ博士の声

　カブトムシやクワガタを飼い始めて7年目、まったく飽きることはありません。観察や研究をすると、とても不思議でおもしろいことがわかります。今は小学生最後の自由研究に取り組んでいます。家族にお願いして、家の中にカブトムシとクワガタが100匹ずつくらい入るカブ・クワ小屋をつくります。仮説を立ててじっくり観察する予定です。虫たちと過ごす夏休みは、ぼくにとって最高の時間。研究はたいへんですが、新しい発見があるとワクワクします。

　ぼくは将来、昆虫博士になろうと思っています。そして南米に行って、野生のアクティオンゾウカブトやヘラクレスオオカブトを研究してみたいです！

保護者の声

「やりたいんだったら、とことんやりなさい。できるだけつきあうから」そんな気持ちで応援してきました。早朝から夜遅くまで研究に明け暮れていても、学校には行き、宿題も必ずやると決めています。算数の計算は得意ですが、文章問題はやや苦手。親が教えるより、さくらんぼ教室で教わるほうが本人の理解もよく、親も助かるのでお任せしています。

　家庭では、子どもが興味をもったことを探求できるように寄りそい、昆虫採集や博物館訪問に同行したりしています。息子が昆虫に興味をもち始めたころから、いっしょに自然の中で観察を楽しんできました。子どもの好奇心を大切にし、学びの機会をサポートするよう心がけています。将来の夢も全力で応援しています。

生き物たちの命を描く

はるくん　（中学生）

さくらんぼ教室から

明るく元気な中学生。お父さまの影響で虫や魚などの生き物が大好きで、小学生になって絵を描き始めました。描きたいものを自分で調べ、何時間も集中して繊細に鮮やかに描き上げていきます。「はるくんはのびのびと好きなものを自由に描いている」そう言って見守ってくれる絵の先生といっしょに毎年開催する個展には、多くの人が訪れます。さくらんぼ教室の友だちは、いつもおだやかで楽しいお話をたくさんしてくれるはるくんが大好きです。

●好きな教科　図工・算数（計算）
●苦手な教科　算数（時間の計算）
●これまでの歩み　小学校（少人数学級）→中学校（少人数学級）在学中

はるくんの声

生き物が大好き。父ちゃんと川で釣ってきた魚を家で飼ったり、あとはカブトムシ、おたまじゃくし、ヤゴ、カマキリ……、いつも生き物がたくさんいたね。今、会いたいのはライギョ。どこにいるのかな。

生き物は動画サイトで調べて写真を見て描くよ。（絵の先生と二人で開催した）個展は、すごくいいですねえ。学校の先生も来てくれたし、たくさんの人が見に来てくれて、うれしかった。

お菓子づくりも楽しい。フローズンヨーグルト、チーズケーキ、ミルクレープ、アップルパイ、みんなが喜んでくれるから、もっともっとたくさんつくりたいな。

保護者の声

小さいころは、色を区別することも難しかったのですが、小学生になって絵を描くようになり、今では始めると一日中夢中になって描いています。みんなにほめられたり賞をいただいたり、絵をとおして自信をつけてきました。彼は、時間もお金の計算も、大好きなお菓子づくりレシピの計算も、すべて実践しながら理解するタイプ。「千円は百円玉十個分」だということも、ゲームの両替機で理解できました。いくら教えても、自分でわからないと頭に入っていかないですね。

今は、興味をもったことはインターネットで何でも自分で調べられる時代です。彼の個性と才能を大切に、たくさんの人とかかわりをもって生きてほしいと願っています。

見つけた！私に合う勉強のやり方

ゆずちゃん（高校生）

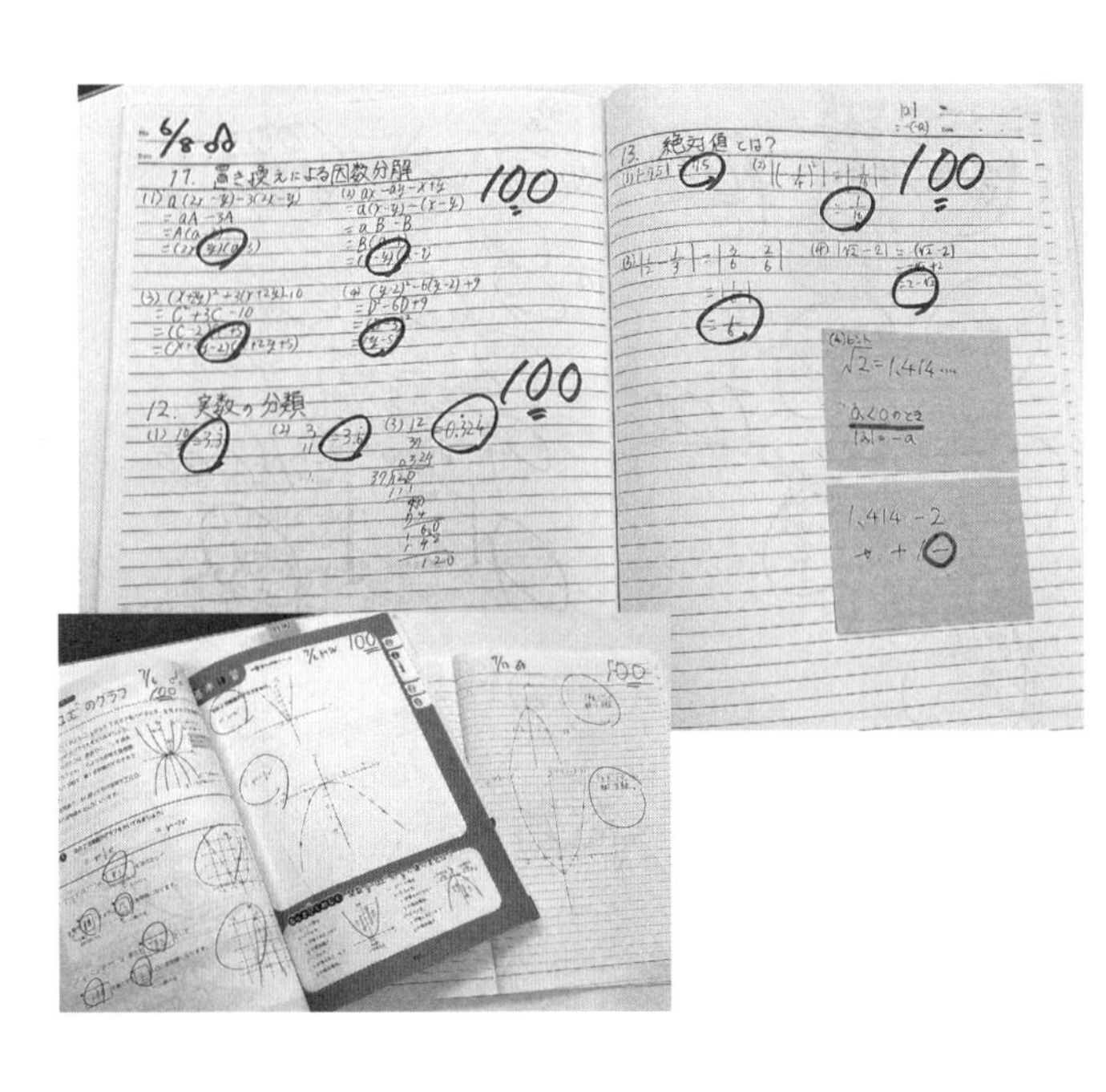

さくらんぼ教室から

入会当初は集中することが苦手で、机の上を整理し、筆記用具を減らすなど、持ち物管理から取り組みました。集中時間が長くなると、学習面の苦手さともうまくつきあえるようになりました。「計算」はミスが出ないように指差しでチェックしながら式を書く、「図形」はタブレットや立体教具を活用するなど、自分に合う方法を見つけていきました。高校に入って初めての数学のテストで100点がとれ、学びの自信が学校生活にもつながっています。

- 好きな教科　数学・理科
- 苦手な教科　国語・英語・社会
- これまでの歩み　小学校→中学校→高校（私立）

ゆずちゃんの声

　さくらんぼ教室のソーシャルスキルトレーニング（社会性のトレーニング）をとおして、「わからないことは質問していいんだ」と思えるようになりました。「質問する力」が、私の勉強や生活を支えてくれることに気づいたからです。今は、授業中に理解しきれなかったことは必ずノートやメモ帳にメモして、あとで友だちや先生に質問するようにしています。また自分が疲れているときやつらいと感じているときは勉強しても成果につながらないので、自分の心の安定が大切なんだと気づきました。

　私が質問したいと思ったとき、いつも私のために時間をつくって向き合ってくれる家族や先生、友だちがいることがとてもうれしいです。

　これからも高校生活をがんばります。

保護者の声

　小学校高学年になって本人の努力だけではうまくいかないことが増え、学校生活がつらいものとなっていたことがきっかけで、さくらんぼ教室に入会しました。当時は彼女の特性と向き合いながら、生活面・学習面のサポートを模索し続ける日々でした。時間を見える化できるタイマーやタスク管理ボード、ToDoリストなど、さまざまな方法を試しました。本人の特性から、「慣れるとその効果が薄れてしまう」こともわかり、今でも日々、形式を変えたり提示のしかたを変えたりと工夫を続けています。

　勉強やコミュニケーション面の苦手さはありますが、けっしてだれかを否定したり悪口を言ったりしない彼女のやさしい心を、大切にしてほしいと思います。これからも応援していきます。

美しくて、おいしい料理を届けたい

グッチさん（専門学校生）

さくらんぼ教室から

お母さまの影響で小さいころからスイーツづくりが大好きで、ときどきおいしいお菓子を届けてくれました。教室では基礎的な学習を積み重ね、専門学校に進学してからはコミュニケーショントレーニングに取り組んでいます。小学生のころは人見知りでしたが、料理をとおして自信をつけ、今では専門学校とアルバイトを両立してがんばっています。一度決めたら最後までやり抜くグッチさんの夢を応援しています。

●好きだった教科　理科・家庭科

●これまでの歩み　小学校（少人数学級）→中学校（私立）→高校（私立）→専門学校在学中

グッチさんの声

中学時代から友だちといっしょに料理をしたり、自宅でスイーツをつくったりしていました。料理もお菓子づくりも、がんばってつくる過程が楽しいし、何より、見た目にも美しくておいしい料理やスイーツが完成したときの喜びは大きいです。写真をＳＮＳにあげることも楽しみです。

自分が得意なことをもっと専門的に学びたくて、専門学校へ行きたいと思いました。実習は楽しいのですが、「栄養学」「食品学」などは高校までの勉強よりずっと難しく、毎回テストもあるので気が抜けません。でも、好きなことだからがんばって取り組んでいます。将来は自分のお店をもって、たくさんの人に美しくておいしい料理を届けたいです。

保護者の声

彼にできないことがあったとしても、「できる」ほうを伸ばすことを大切にしてきました。何があっても、「これができる！」「楽しい！」と思えるように。彼はとてもやさしいので「人のためにおいしい料理をつくる」という目標は合っているように思います。

基礎を積み重ねてきた算数の勉強は今、レシピを読む力につながっています。材料や調味料を「２倍にする」「半分にする」なども実践を積み重ねる中で少しずつ感覚が身につき、さらに「段取り力」もついてきました。彼は家でよく家族のために料理をつくってくれるのですが、私たちからも「おいしい！」「ありがとう！」を言葉にしてたくさん伝えることで応援しています。

だれかの思いを支える人に

プリおくん（大学生）

空手の団体戦で優勝

高校時代の書道で金賞

さくらんぼ教室から

小学校低学年のころは、ヒーローにあこがれるかわいい正義の味方でした。ときどき気持ちのコントロールがうまくいかないこともありましたが、学習にはいつも前向きでした。ピアノや書道、空手、と得意なことがたくさんあるがんばり屋。進路に悩んだ時期もありましたが、ご家族の応援が力になって、夢に近づくことができたのですね。これからも応援しています。

- 得意だった教科　理科・算数（覚えることが得意）
- 苦手だった教科　国語（心情の理解や作文）
- これまでの歩み　小学校（少人数学級）↓中学校（少人数学級）↓高校↓大学在学中

プリおくんの声

小・中学校は少人数学級でしたが、自分の学年の勉強のほかに、検定（漢字・算数）にチャレンジするなどがんばりました。当時のぼくはこだわりが強くて、友だちとの関係が少しずれてしまうこともありました。なかなか自分に素直になれない時期もあったのですが、高校受験が自分と向き合うきっかけになり、進路にも前向きになりました。

「人の役に立ちたい」と思うようになったのは高3のころ。今は大学で作業療法士をめざして学んでいます。そのために学ばなくてはいけないことはたくさんありますが、患者さんの「こんなことができるようになりたい」という思いを支え、かなえたいと思います。

保護者の声

小さいころはかんしゃくが多く、学校では「プリお」と呼ばれていました。学校はゆっくり学べる環境が合うだろうと少人数学級を選びましたが、「自分の学年の勉強もがんばりたい」という本人の思いも尊重し、家庭学習をサポートしました。新しい単元は納得しないと先に進めないので、わかりやすいルールや型で教えました。

高校に行きたいという気持ちを尊重しつつ、支援機関にも積極的に相談し、必要なときに本人からSOSを出せる環境を整えました。大学生になって、自己理解も深まってきたようです。コツコツまじめに積み重ねてがんばる「こだわり」こそが、彼のよさであり強みなのだと感じています。

巻末資料

チェックシートは、
コピーしてくり返し使えます。

チェックシート1

「数字の読み・書き」「数の概念」

チェックシート2

「計算」「文章題」

チェックシート3

「小数・分数の基本」「単位の基本」

チェックシート4

「図形の基本」「生活（お金・時計・情報）」

数の概念

気になるところ☑チェック

数量

- □量のイメージが苦手
- □「何個ちょうだい」がわかりにくい

何番目

- □「左右」「前後」「上下」がわかりにくい
- □順番がわかりにくい

比べる

- □どちらが多い・少ないがわかりにくい
- □ちがいの意味がわかりにくい

その他

＼できるチェック／

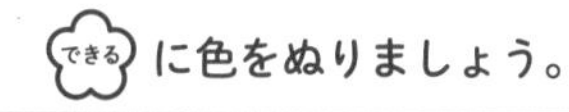
に色をぬりましょう。

数量 →学び① p.24, 学び⑥ p.44

1つずつ数える 	「〇個」を出せる 	「いくつといくつ」がわかる 

何番目（左右・前後・上下） →学び⑤ p.40

左右・前後・上下がわかる 	「〇から何個（人）目」などがわかる 	「〇から何個（人）」などがわかる 

比べる →学び② p.28

数字の大小がわかる 	数量の多い・少ないがわかる 

数字の読み・書き

気になるところ ☑ チェック

読む

- □ 数字に興味がない・なかなか覚えられない
- □ 一つずつだと読めない
- □ 読みまちがいが多い

その他

気になるところ ☑ チェック

書く

- □ 数字の形や書き順が自己流
- □ 数字の形が整わず、読みにくい
- □ 書きまちがいが多い

その他

＼ できるチェック ／

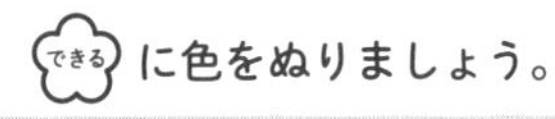

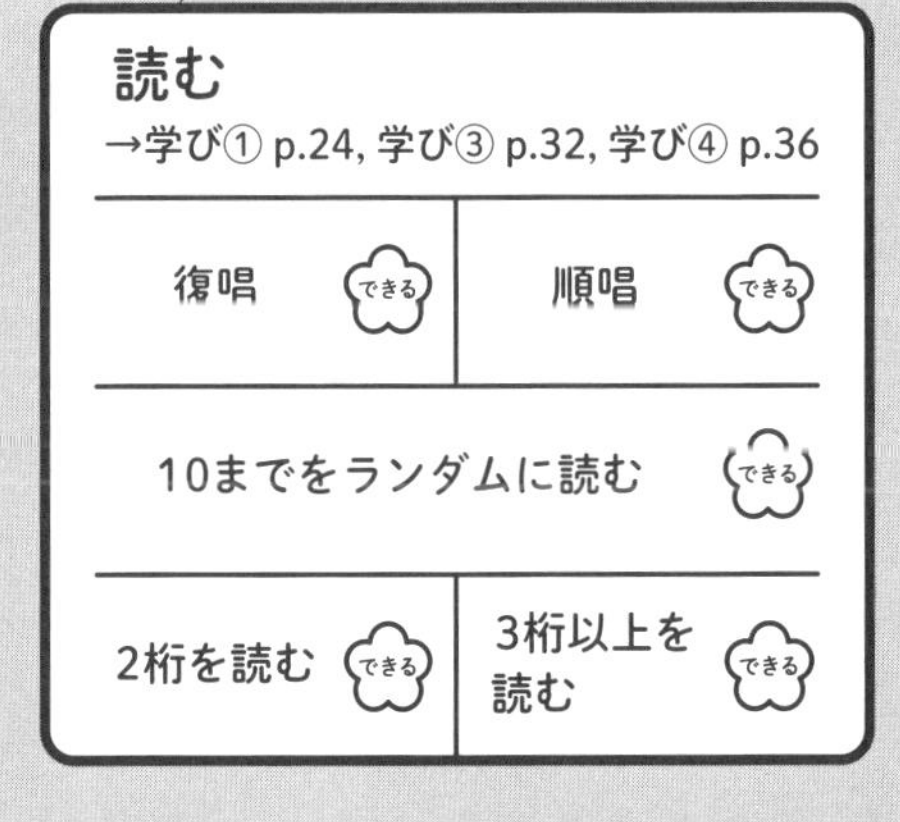

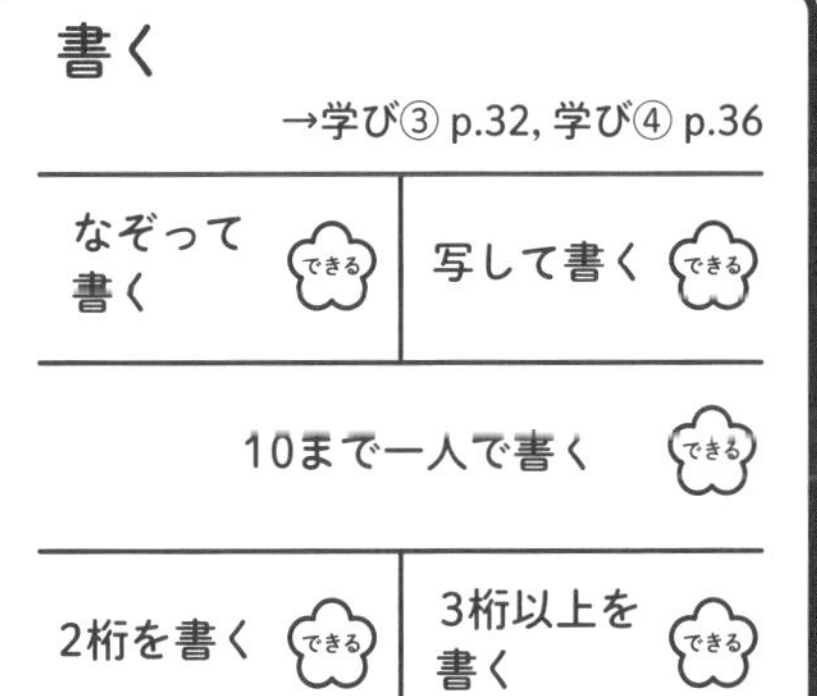

文章題

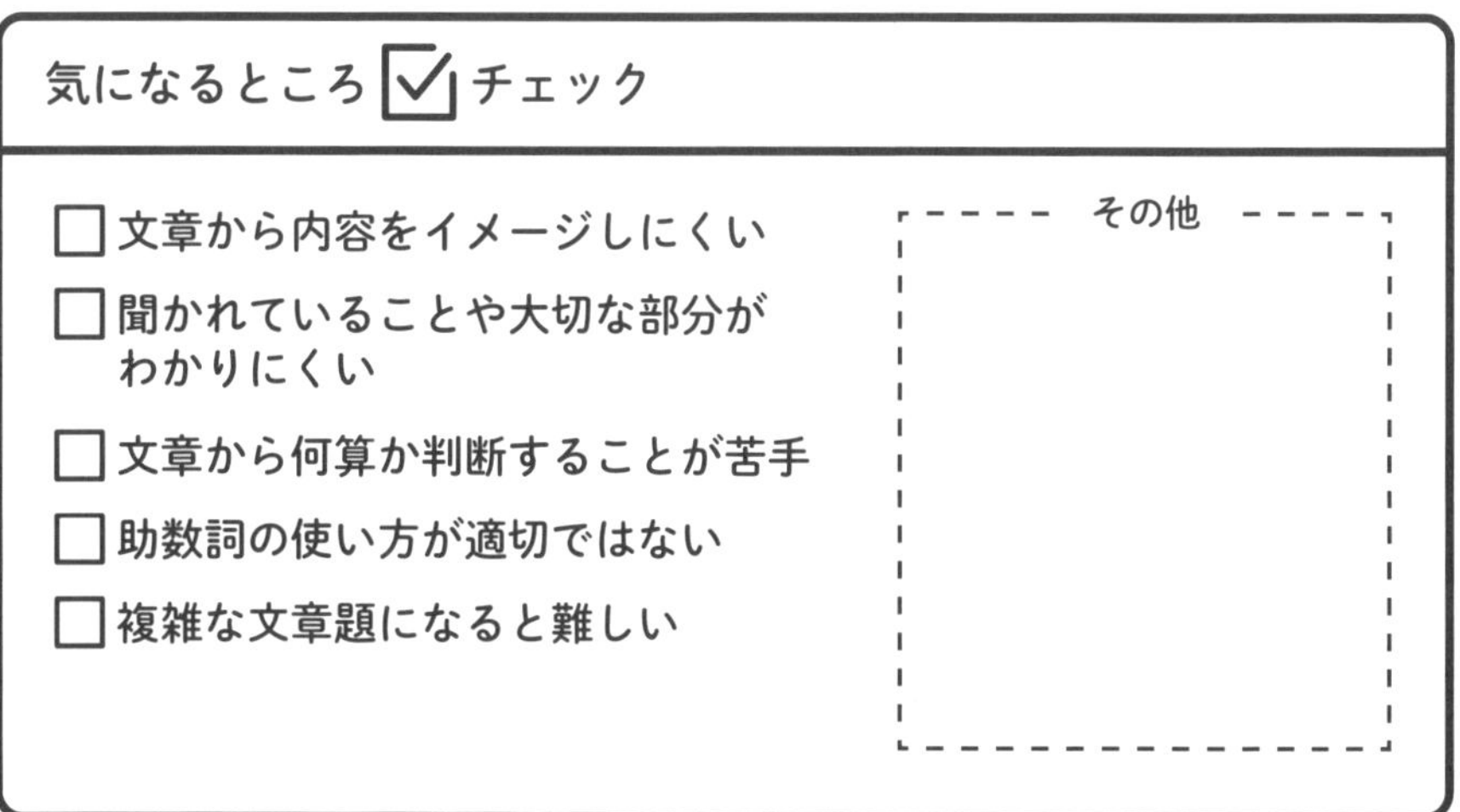

＼できるチェック／　できる に色をぬりましょう。

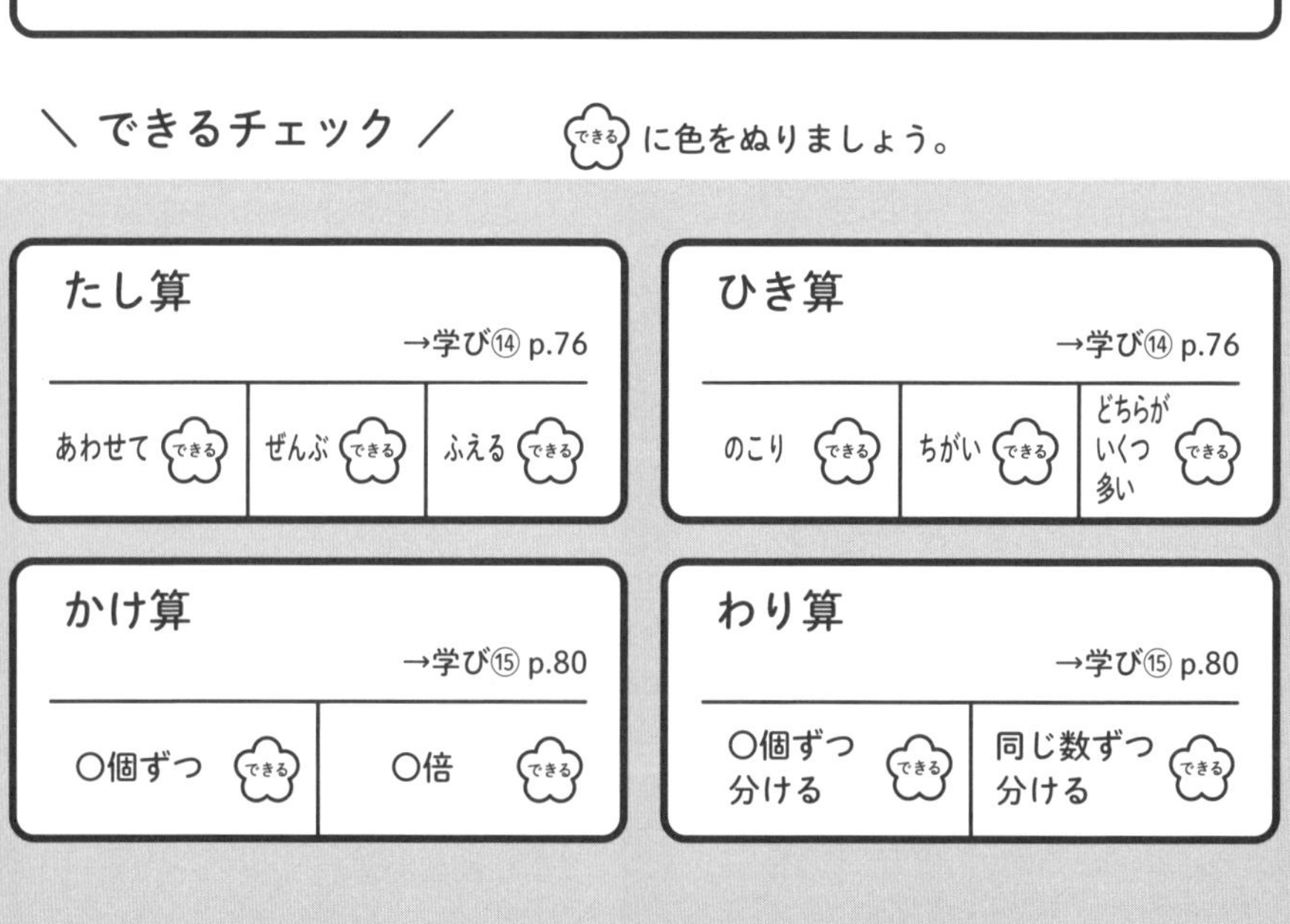

計算

気になるところ ☑ チェック

- ☐ たし算･ひき算･かけ算･わり算の意味がわかりにくい
- ☐ 計算の手順が覚えにくい
- ☐ ケアレスミスが多い
- ☐ 筆算になると位がずれてしまう
- ☐ 九九がなかなか覚えられない
- ☐ わり算の商の見立てが難しい
- ☐ かけ算・わり算の筆算が苦手

その他

＼ できるチェック ／

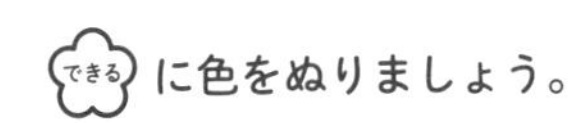

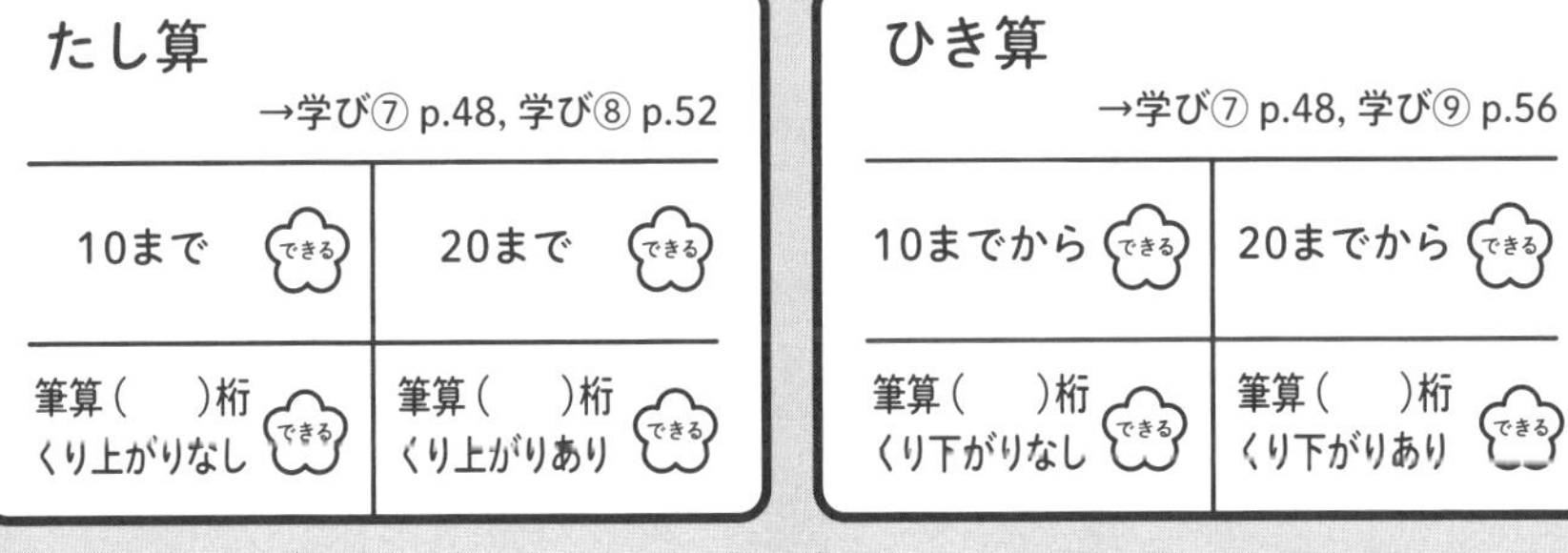

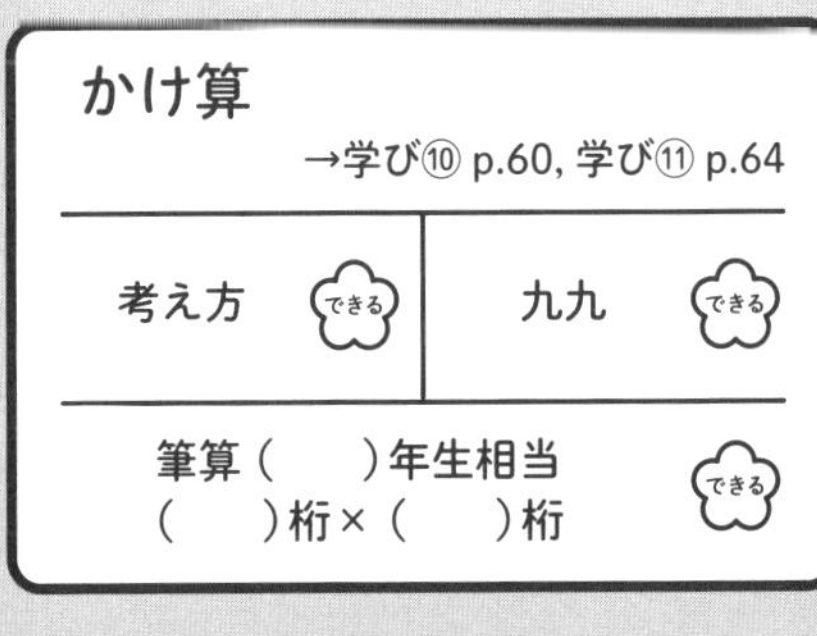

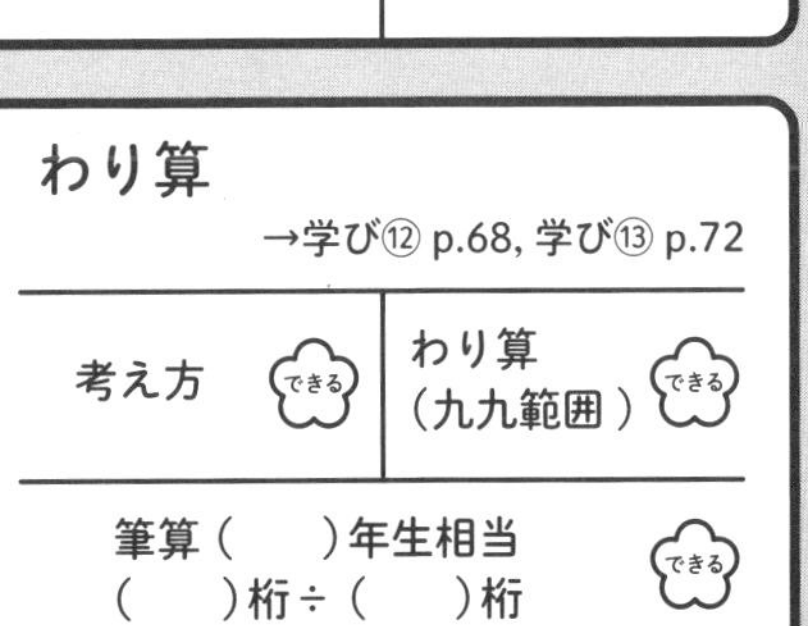

単位の基本

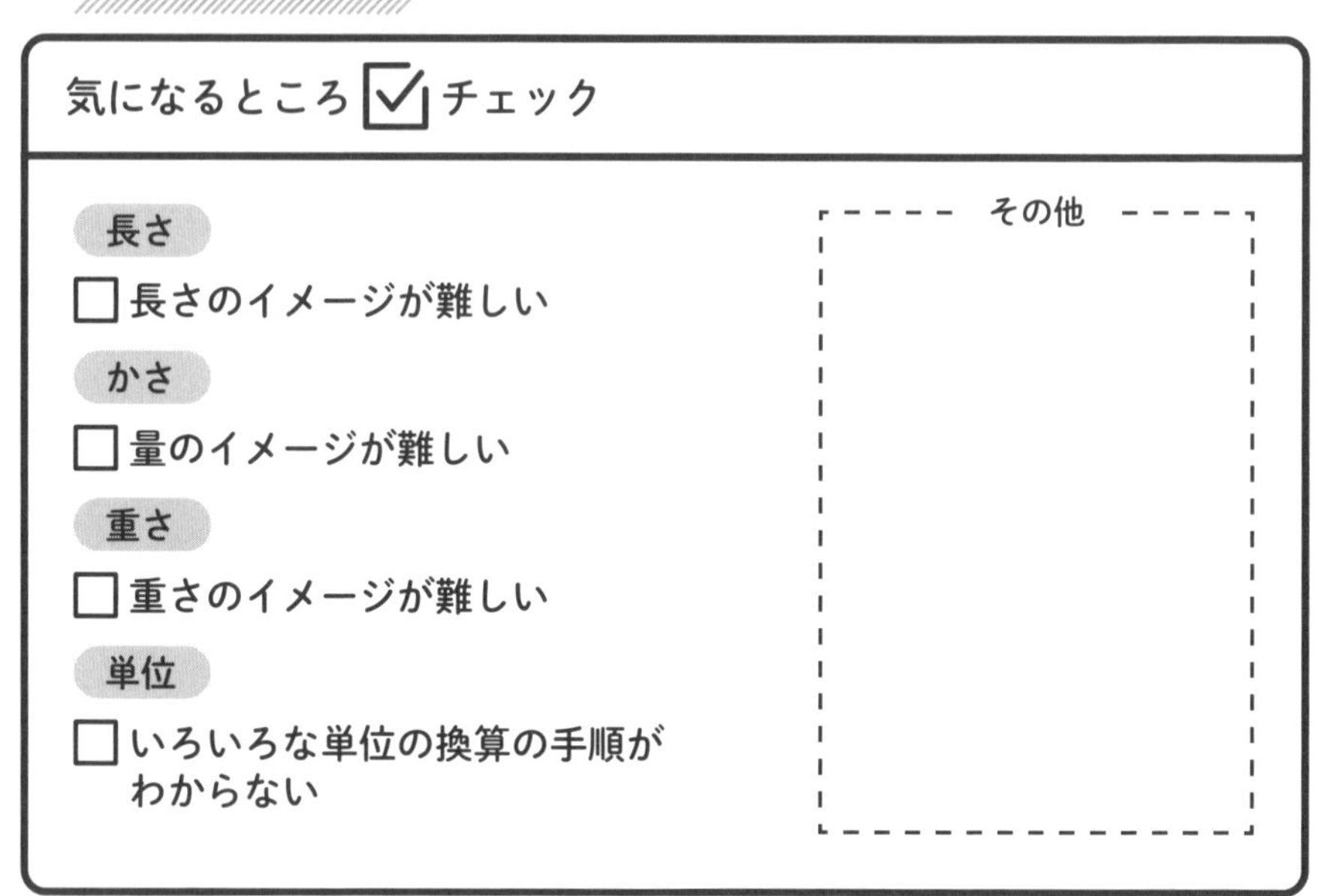
気になるところ☑チェック

長さ

- □ 長さのイメージが難しい

かさ

- □ 量のイメージが難しい

重さ

- □ 重さのイメージが難しい

単位

- □ いろいろな単位の換算の手順がわからない

その他

＼ できるチェック ／

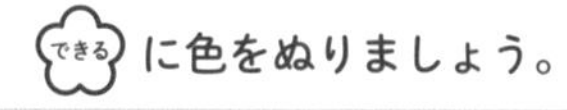
できる に色をぬりましょう。

長さ →学び㉓ p.112
→学び㉕ p.120
mm,cm,m,km

- 長さをはかる　できる
- 長さの計算　できる
- 長さの換算　できる

かさ →学び㉔ p.116
→学び㉕ p.120
mL,dL,L

- かさをはかる　できる
- かさの計算　できる
- かさの換算　できる

重さ →学び㉔ p.116
→学び㉕ p.120
g,kg,t

- 重さをはかる　できる
- 重さの計算　できる
- 重さの換算　できる

小数・分数の基本

気になるところ ☑ チェック

小数

- □ 読み・書き・概念が正確ではない・読みまちがいが多い
- □ 計算の手順がわからない/手続きを覚えにくい

分数

- □ 読み・書き・概念が正確ではない・読みまちがいが多い
- □ 計算の手順がわからない/手続きを覚えにくい

その他

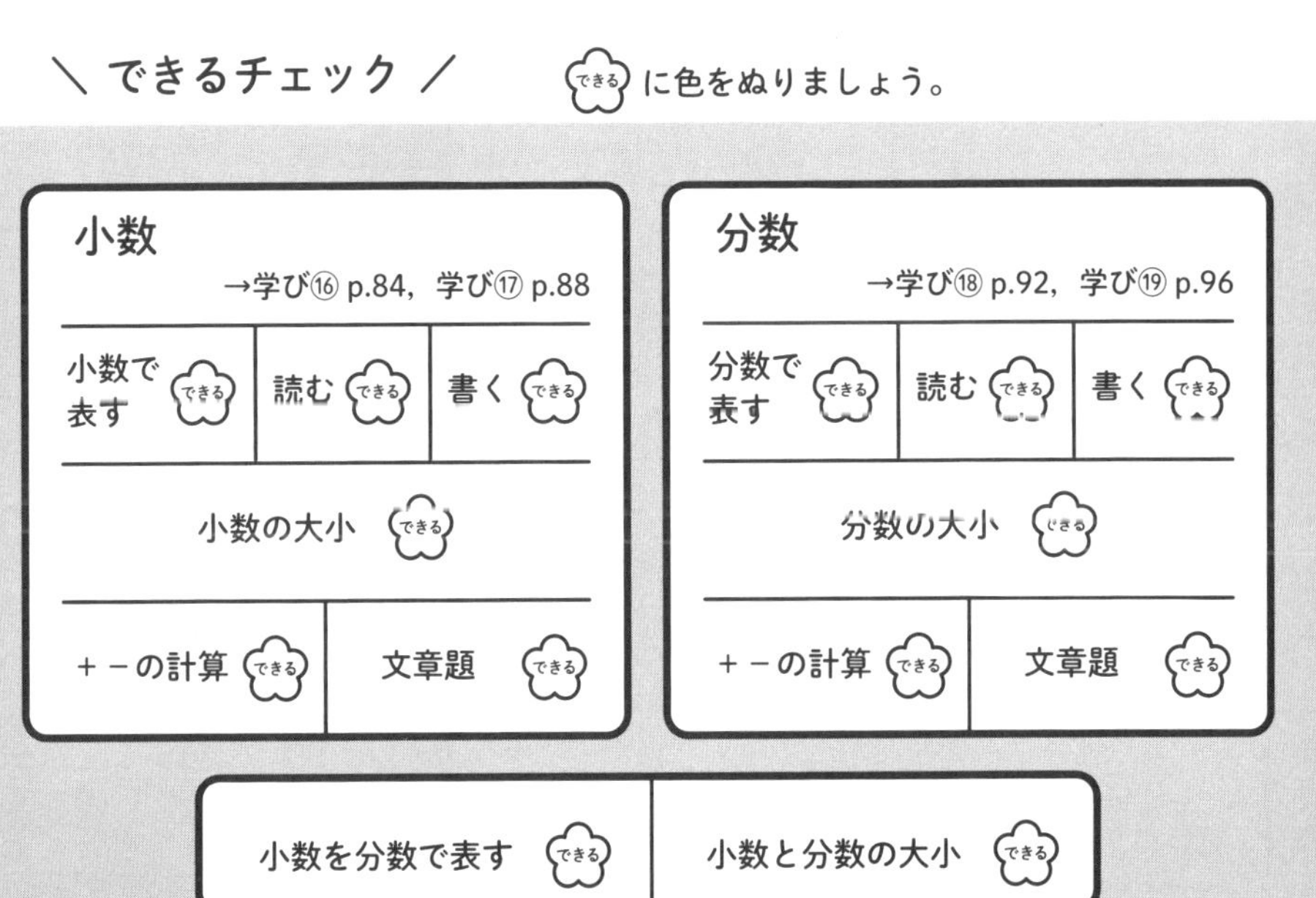

生活（お金・時計・情報）

気になるところ☑チェック

お金・買い物

- ☐ 高い・安いの理解が難しい
- ☐ 買い物での計算が苦手

時計・時間

- ☐ 時間の感覚がわかりにくい
- ☐ あと何分がわかりにくい

情報

- ☐ 必要な情報を読み取ることが苦手
- ☐ 表やグラフのかき方がわからない

その他

＼できるチェック／

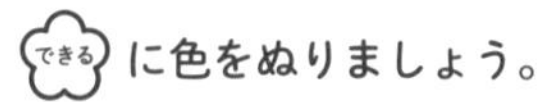

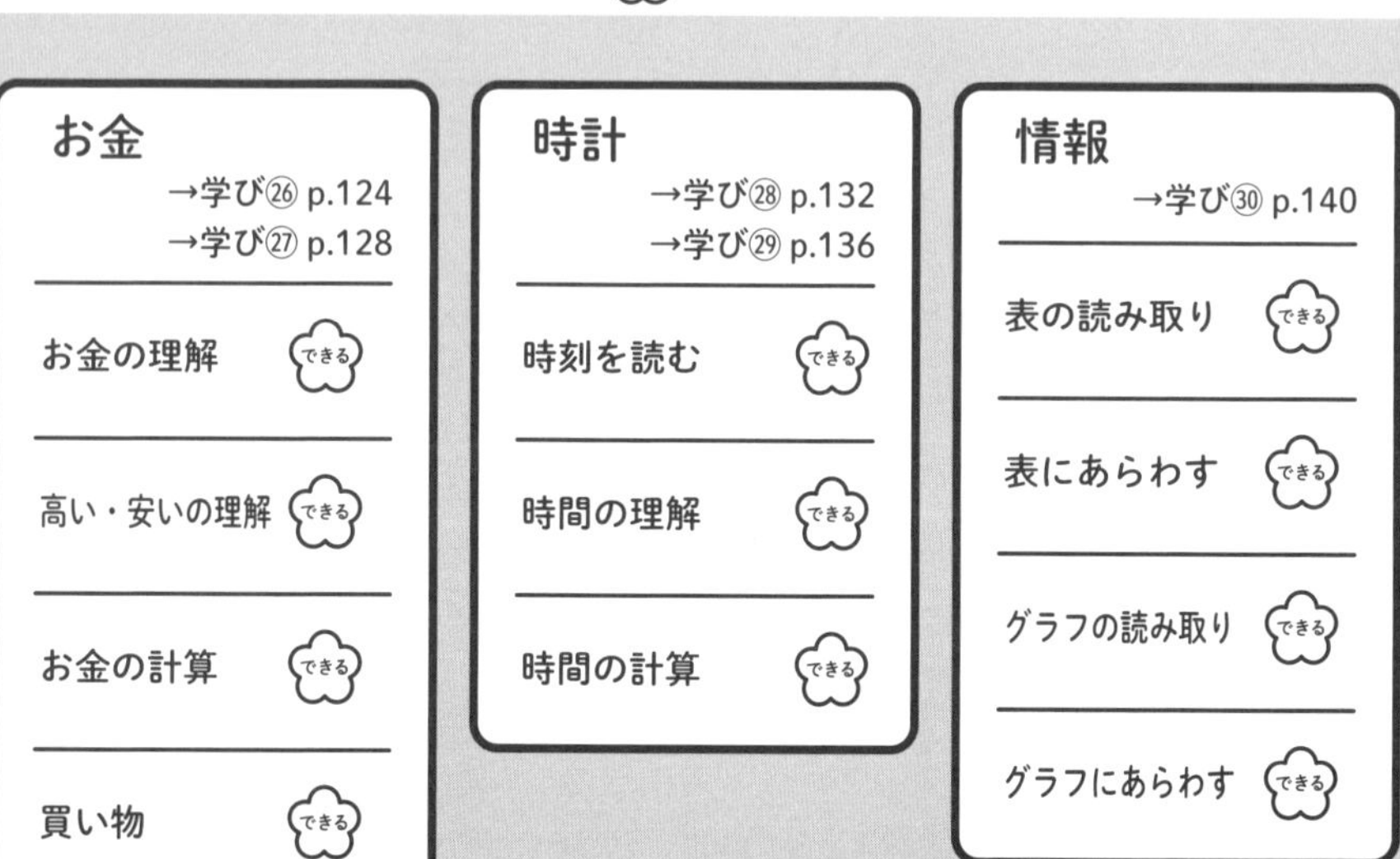

図形の基本

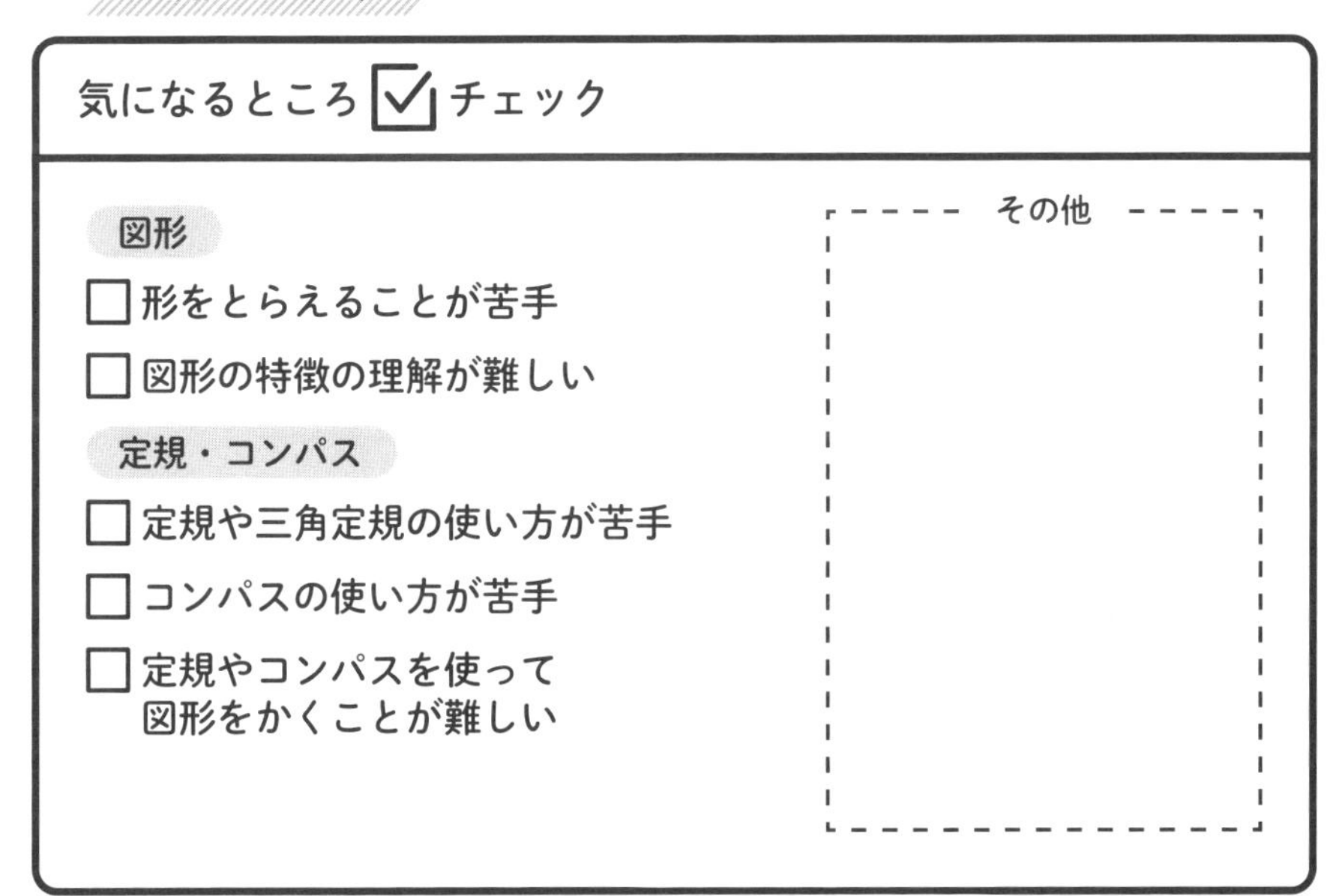

＼ できるチェック ／

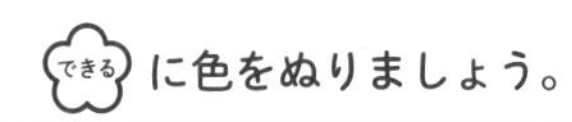

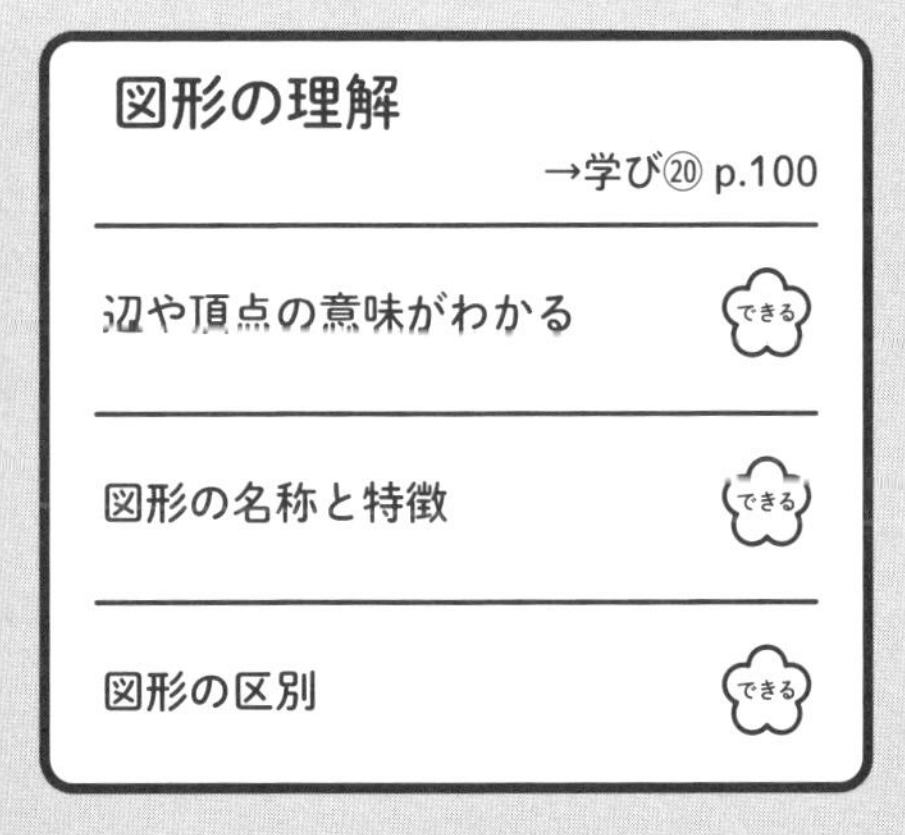

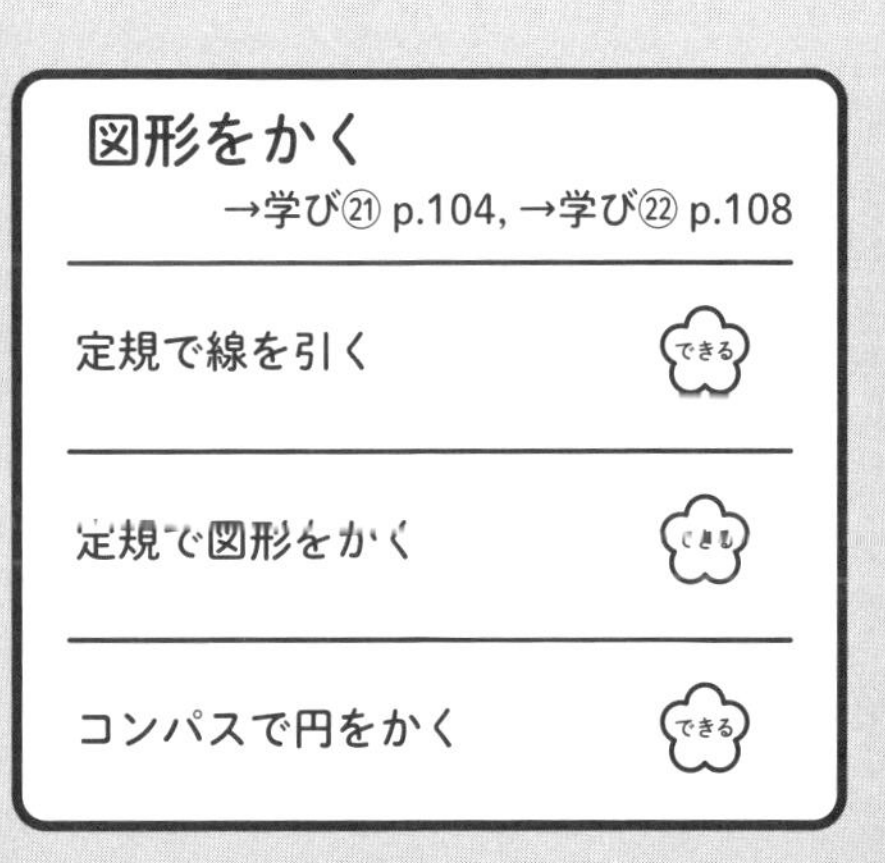

さくらんぼ教室メソッド
発達が気になる子の「できる」をふやす 算数

2024年10月22日　第1刷発行

著　者	伊庭葉子　赤塚智美
発行人	土屋　徹
編集人	滝口勝弘
編　集	谷澤亮司
デザイン	曽矢裕子
イラスト	坂木浩子　茶々あんこ
発行所	株式会社Gakken 〒141-8416　東京都品川区西五反田2-11-8
印刷所	株式会社リーブルテック

この本に関する各種お問い合わせ先
●本の内容については、下記サイトのお問い合わせフォームよりお願いします。
https://www.corp-gakken.co.jp/contact/
在庫については　Tel 03-6431-1250（販売部）
不良品（落丁、乱丁）については　Tel 0570-000577
学研業務センター　〒354-0045 埼玉県入間郡三芳町上富279-1
上記以外のお問い合わせは　Tel 0570-056-710（学研グループ総合案内）

学研グループの書籍・雑誌についての新刊情報・詳細情報は、下記をご覧ください。
学研出版サイト　https://hon.gakken.jp/